来自德国的问候
预祝您拥有一个美好假期！

亲爱的读者：

或许您会问自己，为何您买了一本德国而非本国制作的旅行指南？但请放心，您已经为此做出了一个正确而又明智的选择。

在2012年中国取得全球旅行冠军之前，该头衔一直被德国保持。对于德国这样一个"小国家"来说，这是令人惊叹的！原因可能是，自1950年开始，旅行的梦想对于广大的德国人来说开始变得更为现实。因此，梅尔杜蒙在与北京出版集团的合作中茁壮成长。

"梅尔杜蒙"的故事是一个了不起的故事，从充满冒险的旅程到成为家族的旅行事业，直至今天已传承三代，现由创始人的孙女继续领航这一成功之旅。如今的"梅尔杜蒙"已是欧洲旅游产品领域遥遥领先的品牌。

手握这样一本旅行指南，您可以高枕无忧。请您相信，无论您要去的是世界的哪个地方，梅尔杜蒙近百年的专业经验以及适合中国旅行者的本土化信息，都可以帮您更精确地了解旅行目的地。

请您开始一段全新的奇遇之旅吧！

这本书会是一个随时陪伴您的伙伴，预祝您有一段充满新的发现和希望的完美旅程！

中国作者
张岛主

一名旅行和户外的极度爱好者。虽也像大部分人一样朝九晚五地努力工作与生活，但一颗追逐自由的心永远在路上。旅行十余年，也曾去过数十个国家和地区，却对印度尼西亚的这两颗"珍珠"——巴厘岛和龙目岛情有独钟。梦想能买一座印度洋上的小岛，做一个自在的岛主，在白沙清水间逍遥余生。

德国作者
克里斯蒂娜·绍特
（Christina Schott）

1998年，克里斯蒂娜第一次在巴厘岛旅行时，历经14个小时才从八丹拜到达吉利群岛。2002年，从全球记者站联合创始人的职位离职后，因为被当地文化多样性和独特的海岛风光所吸引，她前往印度尼西亚担任驻外记者。现在，她只需要1.5小时就可以到达吉利群岛。

梅尔杜蒙的故事

希尔德（Hilde）和库尔特·梅尔（Kurt Mair）是为旅行而生的。早在20世纪20年代第一次世界大战刚刚结束时，他们就驾驶着汽车或者摩托车穿梭在欧洲大陆上。漏气的轮胎、过热的冷却机、失灵的刹车，这些都无法阻挡他们前进的步伐。那时有很多我们今日无法想象的场景，甚至没有一张地图！即使这样，连撒哈拉大沙漠也无法阻挡梅尔夫妇的冒险之旅。同样他们也会做测绘之旅，这些被探测的路况信息会被精确地整理和保存。第二次世界大战结束后，1948年，库尔特·梅尔成立了公司，路书和地图册是他们的主营产品。库尔特·梅尔离世后，他时年26岁的儿子福尔克马尔·梅尔（Volkmar Mair）继承并领导这个企业，为今天的梅尔杜蒙集团打下了基石，使集团成为一个全球性的媒体集团，其在全球拥有多家办事处，员工380名，年销售额约1亿欧元。

今日的梅尔杜蒙集团不仅仅提供地图，旅行指南、旅行画册、旅行冒险和电子产品构成了集团丰富的产品组合。在中国，梅尔杜蒙与北京出版集团于2014年成立了合资公司，开始服务于中国旅行者日益增长的需求。

巴厘岛　龙目岛　吉利群岛

8 欢迎来到巴厘岛、龙目岛、吉利群岛

14 当地锦囊

16 体验巴厘岛、龙目岛、吉利群岛
- 16 免费畅游
- 17 本色巴厘岛、龙目岛、吉利群岛
- 18 雨天游玩
- 19 休闲之所

20 潮流之选

22 巴厘岛、龙目岛、吉利群岛面孔

28 美食

32 购物

34 巴厘岛
- 36 艾湄湾
- 39 布奇半岛
- 42 甘地达萨
- 45 登巴萨
- 47 库塔/勒吉安
- 51 罗威纳
- 55 蓝梦岛
- 58 八丹拜
- 60 佩姆德兰
- 62 沙努尔
- 66 水明漾
- 71 乌布

80 龙目岛
- 82 库塔
- 85 马塔兰
- 89 塞高东半岛
- 89 塞那鲁
- 92 圣吉吉

图标		酒店价格（双人间，不含早餐）	餐厅价格（包含主菜和配菜，不含饮料）
当地锦囊	当地锦囊	¥¥¥ 超过人民币950元	¥¥¥ 超过人民币95元
★	必游景点	¥¥ 人民币400~950元	¥¥ 人民币50~95元
●●●●	体验巴厘岛、龙目岛、吉利群岛	¥ 低于人民币400元	¥ 低于人民币50元
☼	远眺点		
✿	适合环保、生态旅游		
(*)	拨打需付费的电话号码		

目录

96 吉利群岛
- 98 艾尔岛
- 100 美诺岛
- 101 德拉娜安岛

104 独特体验之旅
- 104 巴厘岛、龙目岛、吉利群岛最美之旅
- 108 高原休闲之旅
- 111 游览神庙、火山,感受稻米文化
- 113 北龙目岛观景之旅

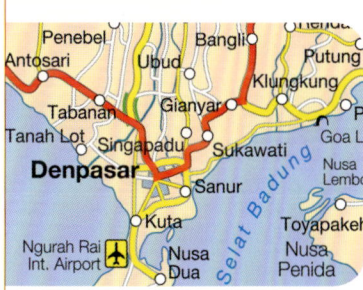

116 户外活动

120 带着孩子旅行

122 每月节庆与活动

124 旅行随时查

126 实用信息

132 教你当地话

136 索引

140 禁忌事项

信息检索
巴厘岛历史事件表→P.10
特色美食→P.30
书籍/电影→P.67
火山→P.71
节庆日→P.123
它们值多少钱→P.127
货币汇率→P.129
登巴萨天气→P.130

地图标注
(折页A-B2-3):折页地图上的位置
(折页a-b2-3):折页地图中附加地图上的位置

欢迎来到巴厘岛、龙目岛、吉利群岛

　　一提到巴厘岛、龙目岛和吉利群岛,单是名字就会让人想起棕榈遍布的海滩、色彩斑斓的珊瑚礁、一望无际的梯田和烟雾缭绕的火山。这里是潜水、冲浪、登山爱好者的天堂,同时也是有着高级餐厅与酒店和东方水疗的旅游胜地。

　　巴厘岛以其独特的文化吸引着世界各地的游客,世界上很少有地方有如此迷人的自然景观和独特的生活方式,所以巴厘岛又被称为"上帝之岛"。岛的南部有冲浪爱好者最爱的激浪,这片海域紧邻着如画的悬崖和洁白的沙滩。岛的中部矗立着巍峨的阿贡火山(Gunung Agung),最高峰海拔3 148米,因其频繁的火山活动和独一无二的海拔高度,被奉为巴厘岛的山之王。山间峡谷纵横、水流湍急,茂密的稻田在陡峭的山坡上延展。岛的北部地势陡峭,寂静的海岸线由黑色的熔岩沙滩构成,上游的珊瑚礁组成了一个五彩斑斓的水下世界。

　　岛上有绝美的自然风光和独一无二的古老印度尼西亚文化,从20世纪20年

上图:稻米收获的季节

巴厘岛 龙目岛 吉利群岛

代开始就吸引着世界各地的旅游者。虽然时至今日已经有很多游客光顾巴厘岛,但是它的魅力并没有减少。来来往往的游人在机场就可以通过美妙的甘美兰(Gamelan)音乐和丁香烟来初识巴厘岛。在去酒店的路上,随处可见穿着长裙的妇女将精心编制的麻篮装满鲜花和稻米,摆放在家门口作为供品;摩托车在街上疾驰而过。

每天早上酒店的工作人员会送上神的祭品,他们头戴彩带和鲜花,将盛满水果和香蕉的托盘放到石祭坛上、路口和房子入口处。这样的仪式可以保证酒店一切顺利,也可以为顾客带来平静的度假之旅。

这些仪式不是为了吸引游客而刻意设计的,而是巴厘岛人日常的活动。在盛大的节日游行中,当地人身着华服,头戴由水果和鲜花组成的花束造型头饰,手里敲着铜锣,锣声震天。为了参加这个在村里的寺庙举行的仪式,不管是扎小辫的冲浪教练,还是在登巴萨(Denpasar)工作的银行职员,都会梳起传统的发式。还有几个村子里住着巴厘岛的原住居民,他们是阿加人(Bali Aga),信奉泛神论。

> **仪式是巴厘岛居民日常生活的重要组成部分。**

印度尼西亚的穆斯林人口数量在世界上屈指可数,而巴厘岛不仅是印尼最

1世纪 印度商人带来了佛教和印度教。	**1478年** 爪哇(Java)的满者伯夷(Majapahit)帝国崩溃,君主继承人逃到巴厘岛,建立了新的印度教王朝。	**16世纪** 苏拉威西岛(Sulawesi)的商人把伊斯兰文明带到了龙目岛。	**1597年** 荷兰殖民者踏足巴厘岛。	**17世纪** 巴厘岛人占领了龙目岛。

欢迎来到巴厘岛、龙目岛、吉利群岛

这里是巴厘岛最重要的避难所,位于布拉坦湖的奉献寺和神湖

后一个信仰印度教的省份,也是最为国际化的岛屿。几乎每一个巴厘岛人都会说一点英语,大部分岛上的节日盛典都欢迎游客来参观体验。原因很简单——巴厘岛人口约有400万,游客占比超过80%,如果没有旅游业,印度教文化得不到这么好的保存。舞蹈、音乐和艺术工艺品不仅为宗教服务,同时也营利,从20世纪60年代开始,政府就把这种营利模式系统化了,很久以前,嬉皮士的音乐就已经响遍了巴厘岛的海滩。

第一批来到这里的是荷兰人,19世纪中叶他们正式占领了这里,但巴厘岛人民进行了顽强的抵抗。第二次世界大战期间日本人占领了这里。1949年巴厘岛被纳入印度尼西亚共和国,龙目岛在次年加入。

印度尼西亚第一任总统苏加诺面临艰巨的任务。印度尼西亚作为一个民主

1846/1894年 荷兰开始了对巴厘岛和龙目岛的殖民统治。

1906/1908年 为了摆脱殖民统治,巴厘岛皇家法院发生了普普坦事件(Puputan,集体仪式性自杀)。

1942年 日本占领巴厘岛。

1945年8月17日 印度尼西亚宣布独立。

1945—1948年 巴厘岛摆脱荷兰殖民统治。

1955年 印度尼西亚举行第一次民主选举,苏加诺(Sukarno)成为总统。

巴厘岛 龙目岛 吉利群岛

国家，拥有超过17 000个岛屿，全国有多种语言、宗教、文化。自1965年镇压了一场"暴动"之后，苏哈托（Suharto）将军接管了政权，成为第二任总统，并长期连任。1998年，苏哈托被迫退位。自此以后，越来越多政府高层开始关注东南亚的民主化进程，并积极推动这一发展趋势。

因为特殊的文化状况，巴厘岛人大多对国家的政治知之甚少，但是在2002年和2005年，当自杀式袭击者将炸弹扔到夜店和旅游区的时候，整个国家都震惊了。在最初的恐惧过后，巴厘岛人为了重新赢回游客的信任，采取了各种各样的安保措施。为促进旅游业发展，组织者推出了新的计划——生态旅游，这一概念专为环保主义旅行者量身定做，比如在偏远的别墅度过奢侈假期。这个计划催生了一批新景点，由此巴厘岛成为水疗、冥想、瑜伽旅游中心。总体来说，这个计划繁荣了有机食品、健康产品和瑜伽疗法的市场。

> 巴厘岛成为水疗、冥想、瑜伽旅游中心。

龙目岛对这场风暴的反应则相对迟缓。这座巴厘岛东部的小岛在20世纪80年代才被首次纳入旅游业发展的计划当中，而这座岛只有西海岸有比较好的旅游基础设施。2011年，新机场的建成和投入使用带来了一场开发热潮，南部的海滩得到了开发，酒店、餐厅等旅游产业急速发展。一直以来，吉利群岛中西北部的3座岛都是主要景点，游客在沙滩上嬉戏，这里吸引了来自全世界的潜水爱好者。在艾尔岛（Gili Air）安排一场全家度假；在美诺岛（Gili Meno）探索沉船；在德拉娜安岛（Trawangan）来一场狂欢旅行，在这座无人居住的珊瑚岛上，没有什么是不可能的。有很多快艇将游客从巴厘岛带到这些小岛上，这些小岛没有车，有的是白色的沙滩和迷人的水下世界。位于龙目岛西南部的塞高东半岛（Sekotong）北岸的一些小的岛屿，景色迷人，人们在岛上开了越来越多的旅馆。

龙目岛上还有很多人从事农业和渔业，这也形成了岛上的另外一道风景

1965年 军队镇压了一场所谓的暴动，屠杀了100万共产主义人士。

1966年 苏哈托将军接管了政府，巴厘岛变成旅游中心。

1998年 严重的动荡之后，苏哈托退位，经济陷入危机。

2002—2005年 228人在库塔（Kuta）和金巴兰（Jimbaran）的爆炸事件中丧生。

2011年 龙目岛机场投入使用。

欢迎来到巴厘岛、龙目岛、吉利群岛

萨萨克族,龙目岛人口最多的民族,信仰伊斯兰教

线。这里比巴厘岛更加原汁原味的、自然的环境,最适合那些想要一段发现之旅的人。这里的文化遗迹很少,历史可以追溯到18、19世纪巴厘岛人统治时期,他们在这里定居的原因也是宁静的沙滩和绚丽的珊瑚礁。高大的林贾尼火山(Gunung Rinjani)在岛的北部延展,景色磅礴,山区占岛的总面积的一半以上。通往这座印度尼西亚第二高的火山(海拔3 726米)顶峰的路曲折难行,要攀爬好几天才能登顶,路上能看到无与伦比的美景,艰难的过程完全值得。

> 宁静的沙滩和绚丽的珊瑚礁。

在干燥的岛南部和东部,一直以来道路都是颠簸不平,酒店很少,这里的龙目岛原住民萨萨克族(Sasak)长期过着传统的生活。投入使用的国际机场距库塔只有几千米,为这个小渔村旅游业的蓬勃发展带来希望。在西面的穆斯林地区,背包客、冲浪和潜水爱好者都可以找到偏僻的海湾和白色的梦幻沙滩。

当地锦囊

从所有的当地锦囊中,我们为您挑选出了15条最棒的旅行建议。

当地锦囊 ▶ 偶遇街头美味

在乌布美食节体验印度尼西亚顶级厨师带来的美味,感受传统与时尚在舌尖的碰撞。➔ P.123

当地锦囊 ▶ 在悬崖边品味鸡尾酒

坐在阳台上,伴着玛格丽特酒和轻音乐,欣赏乌鲁瓦图断崖的落日。➔ P.40

当地锦囊 ▶ 巴厘岛高地的田园风光

住在位于坦布林根湖畔的姆杜克村的普里伦布别墅酒店,您可以尽情享受山区清新的空气和生机盎然、自然恬静的田园风光。➔ P.54

当地锦囊 ▶ 渔村的私人别墅

居住在艾湄湾岸边的传统爪哇风格的甘榜别墅里,您可以在乡村中尽情放松自己,还可以近距离欣赏各种渔船。➔ P.38

当地锦囊 ▶ 原始森林和红树林

住在孟姜干酒店,一出门就是国家公园的丛林和巴厘岛最好的潜水区。➔ P.61

当地锦囊 ▶ 如在故乡

水明漾的比库保留了殖民时期的传统英式下午茶,同时也有选自全亚洲的精品茶叶。➔ P.66

当地锦囊 ▶ 东方理疗

在水明漾的东方花园玛塔缇拉水疗馆,您可以拥有传统草药按摩与现代温泉、红外线桑拿房相结合的极致体验。➔ P.67

当地锦囊 ▶ 自由度假式瑜伽

位于乌布的白莲花是一家私人小型瑜伽冥想中心,在此可以饱览稻田风光,欣赏潺潺溪水。➔ P.76

当地推荐 ▶ **悬崖间的梦幻海滩**

在塞隆贝拉纳克过夜,悬崖的全景一览无余。清晨和傍晚,整个悬崖都沐浴在阳光中。→ **P.83**

当地推荐 ▶ **棕榈树下的日落**

体验纯正的海岛风情,传统的放逐度假村是不可错过的一站,这里有德拉娜安岛最好的日落观赏点。→ **P.103**

当地推荐 ▶ **畅游珊瑚礁**

从美诺岛潜水归来,不需要离开沙滩,在海岸边的安娜小吃店就可以享受回味无穷的鸡尾酒和新鲜的海鲜。→ **P.100**

当地推荐 ▶ **水下探险**

在珍珠海滩度假村您可以畅游壮观的海底世界,因为这里位于龙目岛上少有人前来的塞高东半岛。→ **P.89**

当地推荐 ▶ **火山与湖的交错**

在林贾尼山地花园原始的自然环境中,压力大的人可以松一口气了。在山区田园风光、天然泳池、从林贾尼到太平洋的梦幻全景视野中,人们可以充分放松自己。→ **P.90**

当地推荐 ▶ **稻田中骑行**

在龙目岛山地骑行中,您可以感受真正的乡村生活,骑车穿越郁郁葱葱的稻田、原始森林、长满奇异的热带水果的果园。→ **P.117**

当地推荐 ▶ **像巴厘岛本地人一样载歌载舞**

在登巴萨的梅卡布阿纳音乐学校,有专门教授甘美兰的培训班和舞蹈班,这些课程既适合幼儿,又可以满足成年人的需求。→ **P.121**

体验巴厘岛、龙目岛、吉利群岛

免费畅游
既省钱，又能发现新事物

省钱有道

- **流连在夜间酒吧**
  位于库塔的空中花园酒馆在17:00—21:00会提供便宜的自助餐，包含酒水饮料。→ P.50

- **画廊里的自由艺术家**
  不用花钱，就能在乌布的画廊间漫步，欣赏巴厘岛本土绘画和雕塑，通常那里还会有免费的咖啡。→ P.73

- **沙滩上的海龟**
  世界自然基金会在塞兰冈岛的海滩建立了海龟保护和教育中心，这里介绍了对濒危海洋生物的救助项目参观免费。→ P.66

- **参观寺庙必须身着纱笼**
  当您想去参观寺庙时，在市场或者纪念品商店就能以很便宜的价格买到纱笼，提前准备好，这样可以省去每次租佩带和纱裙的费用。→ P.44

- **萨萨克族手工艺村**
  在邦尤姆雷克村和苏卡拉拉村，您可以进入陶艺和纺织车间，近距离观看手工艺制作过程，不管您是否会购买商店里的产品，这里都是不容错过的。→ P.95

- **在博物馆里跳舞**
  每周六下午4点，登巴萨不同村子的幼儿舞蹈团都会在巴厘岛博物馆中心区域练习，游客可以免费观看。→ P.45

- **寺庙盛宴**
  甘美兰、舞蹈、皮影戏是每一个寺庙大型活动上不可缺少的元素。游客很容易就能够打听到下一次奥达兰节（左图）的举办地点，不用买票，这些场合很欢迎行为举止得当的游客来参观。→ P.122

本色巴厘岛、龙目岛、吉利群岛
不容错过的特色体验

● **奇异的动植物**

巴厘岛和龙目岛拥有很多难得一见的爬行动物,动植物的多样性在这里得到淋漓尽致的体现。在林贾尼国家公园的一日游中,您可以体验世界上独一无二的动植物世界。→ P.91

● **在幻境中起舞**

上百人同时跟着节奏围着篝火在幻境一般的美景中跑动,这场景让人难以忘怀。尤其令人印象深刻的是黄昏时分乌鲁瓦图寺庙的喀恰舞表演。→ P.40

● **丰富多彩的游行**

衣着艳丽的女人们头戴金字塔状的水果头饰,男人们敲着锣。在巴厘岛,人们不知道什么时候就会加入一场游行当中,而在这些游行当中,最盛大的当属加隆安节的游行。→ P.122

● **观看火山日出日落,在珊瑚礁间穿梭**

这是在吉利群岛才有的独特体验,最好的视野在德拉娜安岛的小山顶上。清晨能观赏到太阳从东部的林贾尼火山上冉冉升起;日落时分,西部的阿贡火山的太阳是最大的。其他时间,您可以在海底山脉的珊瑚礁间穿行畅游。→ P.101

● **在海滩上狂欢畅饮**

清晨您可以在金巴兰观看捕鱼的过程,可以看到渔民如何把渔网装上渔船;晚上就可以在路边的小吃摊上品尝新鲜的美味,您也可以挑选新鲜的海鲜放在椰子枝上烤。→ P.40

● **粽子战争**

在林萨庙雨季开始的时候,岛上的人们迎来了粽子大战。信仰印度教的人们和信仰伊斯兰教的萨萨克族人用棕榈叶裹着米饭制成粽子,这是当地所有人的节日,没有宗教的差别。
→ P.87、P.123

本地特色

雨天游玩
下雨天，也美妙

● 努沙杜瓦的南太平洋艺术
您会情不自禁地沉浸在努沙杜瓦太平洋博物馆精彩的展览中，该馆展出了来自世界各地的艺术家不同风格的艺术作品。→ **P.39**

● 尝尝巴厘岛的葡萄酒吧
这座天堂之岛上当然也有葡萄园，在库塔的酒窖之门每天都可以品尝红酒。
→ **P.49**

● 看电影
下雨天也不必待在酒店房间看街边小店的盗版碟，您可以选择窝在海滩漫步21号首映影院的软沙发里，最新的好莱坞、宝莱坞或者印度尼西亚本土电影任您选择，都是超大荧幕的享受。**P.50**

● 购物、品尝美食
水明漾购物中心不只有水上用品国际品牌店，还有咖啡店和美容沙龙。雷阵雨的时候，这些地方都是可以等待天晴的好去处。→ **P.67**

● 热带艺术
想了解巴厘岛的人们是如何跳舞、演奏甘美兰，巴厘岛雕刻、蜡染、圣餐又是如何制成的，可以在乌布的阿贡拉伊艺术博物馆的文化课程中找到答案。→ **P.72、P.76**

● 小村风俗
萨萨克族人的婚礼是什么样子的？匕首是如何制成的？在西努沙登加拉博物馆可以亲身体验。这座博物馆介绍了西努沙登加拉省的龙目岛和松巴哇岛的历史、传统风俗。→ **P.86**

下雨时分

休闲之所

深呼吸，尽情享受，忘记烦恼

放松身心

● **夕阳的绝配**

当西沉的夕阳把云朵染成橘色的时候，最惬意的莫过于在美诺岛的玛哈玛雅度假村的海滩餐厅里品一杯鸡尾酒。➔ **P.100**

● **东方水疗**

安排一天的时间泡在水明漾豪华的普拉纳水疗馆吧！这里有吠陀治疗、巴厘岛的草药护理、手足按摩、土耳其浴等多种选择。➔ **P.68**

● **在太平洋边休养**

在旅游路线旁边的小山上，罗威纳的后面，就是奢侈的达迈别墅酒店了。在这里，您既可以在泳池边远眺太平洋，也可以在度假村繁盛的热带雨林里享用美食。➔ **P.52**

● **沙滩瑜伽**

在夕阳中深呼吸，看着天空变换神奇的色彩。位于德拉娜安岛的瑜伽之地花园咖啡厅每天都在海滩开设落日瑜伽课。➔ **P.102**

● **安静思考、阅读、享用美食**

库塔的山上有一家餐厅旅社，名字叫作阿施塔里，这里拥有享受安静时光需要的一切：舒适的抱枕、读书角以及美食。➔ **P.82**

● **宁静的稻田**

在稻田里的竹亭静坐、在瀑布下洗浴，或只是单纯享受风景，林贾尼南部的特特巴图都是不二的选择。➔ **P.88**

● **寺院中冥想**

四梵住阿拉马寺（左图）的花园分布在小山的不同高度上，从祈福厅进去就可以冥想了，这里提供冥想课程。➔ **P.53**

潮流之选

① 在小路上

徒步旅行 想要一睹巴厘岛的自然文化风光，您可以参加乡村生态游计划的项目🛸JED【🏠 Jl.Kayu Jati 9，水明漾（Seminyak）@ www.jed.or.id】。非政府组织建议当地人带游客参观岛屿，以此保护传统文化和发展经济。当您在穆迪古农（Muntigunung）山区查询🛸徒步指南（@ www.zukunft-fuer-kinder.ch）时，您不仅能够深入了解这个地方，而且也是在帮助贫穷的巴厘岛人——很多导游以前是非常贫困的。

时尚

时尚潮流 越来越多的本土和国际设计师将传统的材料融入高级时装设计中。杜威·伊斯坎达尔（Dwi Iskandar @ www.dwi-iskandar.com）将巴提克印花、马来织锦、梭织元素用于他的设计；宾唐·米拉（Bintang Mira @ www.bintangmira.com）将传统网织和印花工艺用于增加衣服的透气性。意大利设计师多·科瓦希亚（Duo Quarzia 🏠 Jl.Dewi Sita 7Ubud und Jl.Oberoi 3A，水明漾 @ www.quarzia.it）特意在乌布（Ubud）生产他的巴提克印染布料。

③ 屏息

运动 水下瑜伽是巴厘岛的一种新时尚，初学者在泳池中练习，进阶者在海中练习，潜到水中的人可以集中注意力冥想，同时活动身体。这项运动既展现了瑜伽的美，又因为水下的环境减小了动作的难度。特殊的潜水面罩使人们在水下可以通过鼻子和嘴进行呼吸。塞利特（Seririt）和甘地达萨（Candidasa）的禅度假村（Zen Resorts @ www.zenharmonydiving.com）提供各个级别的潜水课程。

巴厘岛、龙目岛和吉利群岛有许多新鲜事物等待您去探索。

竹子建筑

建筑 怎样能让壮观的拱形竹子宫殿呈现出童话般的效果？易布库（@ ibuku.com）的建筑团队在不同的地方进行建筑实践来探索这个问题的答案，例如国际绿色学校（Green School）和私人丛林别墅夏尔马之泉（Sharma Springs）。竹子建筑是巴厘岛的匠人在百年前就实现的建筑奇迹，竹子材料以其纯粹的结构被用来建造宗教仪式场所。在巴厘岛有很多别墅和餐厅都是仿照这样的竹子建筑建造的，临近的岛屿也借鉴这种建筑方式来提高房屋的透气性。位于乌布的5层奢侈度假公寓竹子宫殿（Bamboo Palace）得到了精心的修缮和维护。

升级利用

采购 垃圾与旅游业一直不能和谐共处，而创新的废物回收利用方式带来了希望。现在巴厘岛出现了越来越多的资源回收公司，他们直接从消费者那里回收垃圾再利用，并用这些材料制作艺术品。🌱回收利用公司（Upcycle 🏠 Jl. Basangkasa 75）位于水明漾，出售村民制作的手袋和用废旧的包装、书本和轮胎制作的饰品。🌱巴厘爱生活（Lovelife Bali）将旧瓶子变成杯子、时髦的花瓶和造型奇特的灯具。这些艺术品您都可以在自我商店（Ego Shop, SIKA Gallery 🏠 Jl. Raya Sanggingan 88x，乌布）找到。🌱"人民运动"（The People's Movement @ thepeoplemovement.com）生产用回收塑料袋制成的鞋和饰品，这些塑料袋是被海水冲到沙滩上的。

上图：甘美兰合唱团的一位演奏者

巴厘岛、龙目岛、吉利群岛面孔

巴厘岛灵修节

巴厘岛的特色文化和精神生活吸引了许多游客到此开启自我探索之旅，因此，这里的旅游业催生出了水疗中心、瑜伽课程和生食餐厅等项目。从朱莉娅·罗伯茨（Julia Roberts）在此地拍摄完成电影《美食、祈祷和恋爱》（*Eat Pry Love*）起，乌布就成了神秘主义推崇者的朝圣地。成千上万的人来参加一年一度的巴厘岛灵修节（Bali Spirit Festival），在那里您可以欣赏令人沉醉的舞蹈和歌唱，体验经脉疏通和声音疗愈项目。

乡村生活

大部分巴厘岛人生活在乡村，在那里每个人都有特定的责任要承担，但是如果别人有什么需要的话他们也会提供帮助。这种集体生活受到传统

> 巴厘岛、龙目岛和吉利群岛上的生活是由宗教、古老的传统和自然影响决定的。

习惯的约束，所有的重大事项都由包含所有已婚男子的人民议会决定。这种社区的意义也体现在村庄的建设中：在社区中心有一棵大榕树，它被认为是神圣的。围绕着它的是议会大厅和村庙，通常还有一个演奏台和一个斗鸡场。市场则构成了日常生活的中心。由选举产生的社区的领导者在省一级也有重大影响。

龙

放龙形风筝在巴厘岛有特殊的精

巴厘岛　龙目岛　吉利群岛

神层面上的含义。据说,一个叫因陀罗(Indra)的神很喜欢这个游戏。而接近一半的村民参与制作了这个体长达8米、尾长达12米的风筝。在沙努尔(Sanur)举办的一年一度的风筝节(7月或8月)上约有1 500个村庄相互竞争。在一位神职人员的陪同下,在甘美兰音乐的氛围中,十几名男子在空中用风筝制作出了一件精妙绝伦的艺术品。

火葬

巴厘岛人相信,死者的灵魂只有在其遗体被破坏之后才是自由的。火葬经过精心设计,巨大的燃烧塔被搭建成公牛、龙的样子。火葬仪式所费不菲,贫困家庭经常组队举办大规模的葬礼。壮观的游行和火葬仪式也被认为是值得一看的。

甘美兰

甘美兰乐队由至少30名音乐家组成,他们使用70多种乐器,主要有锣、能发出响声的小器物和金属喇叭,还有长笛或弦乐器。甘美兰既没有主旋律也没有器乐独奏,演出的音乐被作为舞蹈或皮影戏的背景乐,它不寻常的音调和频繁变换的旋律对外国人来说需要一段时间来适应。

斗鸡

自1982年以来,尽管斗鸡只允许作为"仪式项目"出现在世人眼前,但这并不妨碍巴厘岛人举行非法比赛。鸡被单独饲养在一个钟形笼中,并由主人精心照顾和培训。为了比赛,主人会把一个锋利的刀片绑在它的脚上,通常这场血腥的奇观最多只

尽管存在印度教,巴厘岛仍然举办许多"万物有灵论"的仪式

巴厘岛、龙目岛、吉利群岛面孔

会持续几秒钟。斗鸡在古代是一种仪式,目的是抚慰恶魔。

印度教

在爪哇人将印度教带到他们的岛屿之前,巴厘岛人信仰万物有灵,并相信灵感来源于自然,"万物有灵论"的许多元素直到今天仍然能够在巴厘岛印度教信仰中找到。据说,从前神住在山上,而恶魔生活在海中。不仅在庙宇里,在街上和房屋里的任何地方,巴厘岛人每天都会数次为神和恶魔提供供品。巴厘岛印度教的最高神灵是桑香·韦迪(Sanghyang Widhi),是三位主神——梵天、毗湿奴和湿婆的化身。许多小神和恶魔都在河流、森林和其他地方居住。

伊斯兰教

接近90%的印尼人信奉伊斯兰教。虽然只有10%的巴厘岛人信仰伊斯兰教,但龙目岛和吉利群岛上95%的人口是穆斯林。与该国许多地区一样,龙目岛西部和中部的伊斯兰教与当地传统相融合,在这里,人们并不认为喝一杯棕榈杜松子酒是一种罪过;另一方面,在岛的东部,就严格禁酒。龙目岛北部的许多萨萨克族人都信仰维图特鲁教(Wetu Telu,"三要素"),他们将伊斯兰教与泛神论和印度教元素结合在一起。维图特鲁教的信徒每天只能祷告3次,而且只能斋戒3天。由于他们历史上曾遭受迫害,只有少数人公开自己的信仰。

种姓制度

种姓制度对巴厘岛人来说依然重要。他们的地位可以通过姓名来识别:伊达·巴格斯(Ida Bagus)和伊达·阿尤(Ida Ayu)是地位最高的神父的名字,提乔寇达(Tjokorda)或安纳阿贡(Anak Agung)是战士和贵族的名字,商人家族的人称自己为古斯蒂(Gusti)。90%的巴厘岛人属于首陀罗(Sudra,印度种姓之一,地位很低)。这些人给他们的孩子编号:长子叫韦恩(Wayan)或普图(Putu),第二个孩子叫玛德(Made)或卡德克(Kadek),第三个孩子叫纽曼(Nyoman)或科芒(Komang),第四个叫凯特(Ketut)。从第五个孩子起开始再次计数。为了区分性别,男性名字前面有"I",女性名字前面有"Ni"。

丁香烟

任何前往印度尼西亚旅游的人在机场都会被丁香烟的甜味迎接。1880年,爪哇人哈吉·贾马里(Haji Jamahri)将烟草与丁香混合,以缓解他的哮喘——丁香被认为是家庭常备止痛药。这也使得印度尼西亚最大的行业之一兴起。全国95%的丁香被用来制作丁香烟。

海滩上的小伙儿

被太阳晒得黝黑的身体、长发和迷人的笑容是他们的符号——巴厘岛的海滩上活跃着许多当地的年轻男子,他们中的许多人妄图与游客形成伴侣关系,并且往往希望有更长久的关系,这也给他们带来了经济利益。2010年的纪录片《天堂里的牛仔》(*Cowboys in Paradise*)详细介绍了这些人和所谓"邂逅当地淳朴小伙儿"背后的真相。女性游客应对过分热情的年轻男子保持警惕。

巴厘岛　龙目岛　吉利群岛

绘画

在被殖民统治之前，巴厘岛的绘画大多只描绘印度神话中的情景。所谓的哇扬（Wayang）风格不会使用透视法，颜色只能用来填充。在克隆孔（Klungkung）附近的金匠村庄凯玛山（Kemasan）产生了这些保存至今的图片。20世纪20年代，在王子苏卡瓦提（Sukawati）的帮助下，德国人瓦尔特·史毕斯（Walter Spies）和荷兰人鲁道夫·邦尼特（Rudolf Bonnet）在乌布成立了绘画学校彼得玛哈（Pita Maha）。欧洲人引入现代材料和科技的同时也学习了巴厘岛的传统艺术。20世纪60年代，荷兰人阿里·史密特（Arie Smit）在乌布附近的佩内斯塔南（Penestanan）号召成立了青年艺术家绘画学校（Young Artists），在那里，日常生活的场景被很好地呈现在画布上。

潘查希拉

潘查希拉是印尼语pancasila的音译，意为"建国五项原则"，为印度尼西亚首任总统苏加诺提出，为印尼宪法的基本精神之一。其中包括：信奉独一无二的神明、正义和文明的人道主义、国家的团结和统一、民主主义以及社会正义。

永恒农业

20世纪70年代，两个澳大利亚人提出了永恒农业原则，以作为工业化农业的反概念。巴厘岛的第一个永续农场建于20世纪80年代，它不但在经济突破上取得了成功，也使得岛上的生态农业在之后的10年中形成了大繁荣的局面。

水稻种植

大米是印度尼西亚人的主食。然而对于巴厘岛人来说，它不仅仅是一种植物，而且还是在田野的神龛中被崇拜的生育女神德维斯里（Dewi Sri）的象征。稻田通过复杂的运河系统进行灌溉，该运河系统受到各地农民合作社（Subak）的密切监测。这种环保的耕作制度于2012年被联合国教科文组织确认为世界遗产。尽管种植水稻是男人的工作，但收获时（每年3次）全家人都会帮忙。在巴厘岛上，风景如画的水稻梯田延伸至肥沃的火山斜坡上1 000多米。

舞蹈

在巴厘岛上，舞蹈庆祝活动无处不在——无论是在庙会、家庭庆典上，还是单纯为了休闲娱乐。大多数舞蹈是关于印度史诗《罗摩衍那》或《摩诃婆罗多》中的场景。盛装打扮的舞者总是与大地保持联系，每个动作都有其意义。经典的舞蹈都以简化的形式呈现在游客面前：巴龙（Barong）是关于与邪恶的女巫兰达的神兽斗争的故事；优雅的雷贡舞（Legong）的舞者全部都是月经初潮之前的年轻女孩；在喀恰舞（Kecak）中，大约有100名男了坐在地上，边喊着"Cak-ke-cak-ke-cak"，一边同步移动。

寺庙

巴厘岛的寺庙在开放的地区被城墙包围起来，天空是它们的屋顶。入口通常是对开的大门，由石头恶魔守卫。寺庙内部由3个庭院组成，其中第三个也是最神圣的一个，它与远处的

巴厘岛、龙目岛、吉利群岛面孔

山脉相对。这里有一个有11层阶梯状屋顶的神龛。每个村庄都有3个寺庙：原始寺庙（Pura Puseh），供奉创造者梵天神；村庙（Pura Desa），受到守护者毗湿奴的保护，是村子社会生活的中心；最罕见的是死神庙（Pura Dalem），供奉毁灭之神湿婆。巴厘岛上最重要的寺庙是坐落在阿贡火山的布撒基寺（Pura Besakih），它是6个最神圣的寺庙之一，建在有重要意义的位置。另外5个寺庙是伦普扬寺（Pura Lempuyang Luhur）、蝙蝠洞寺（Pura Goa Lawah）、乌鲁瓦图断崖寺（Pura Luhur Uluwatu）、巴图卡鲁寺（Pura Luhur Batukaru）和世界中心之寺（Pura Pusering Jagat）。

哇扬皮影戏（Wayang Kulit）

在印度教征服这个岛国之前，印度尼西亚人就已经开始演出这种影子娃娃的戏了，他们相信皮影会与已故祖先的鬼魂交流。演出者拿着油灯坐在幕布前，让水牛皮做成的人物在竹竿上跳舞。他用朗朗上口的念词低吟歌颂史诗《罗摩衍那》和《摩诃婆罗多》中的情节，甘美兰乐队在他身后演奏乐曲。一场演出可以持续一整晚，观众可以随时进出，随心所欲地聊天或是进食。游客们看到的往往是缩短的英文版本。

巴厘岛的艺术家也会创作色彩鲜艳、充满童趣的画作

美 食

　　辛辣的椰子咖喱、鲜嫩的肉串、外皮烤得香脆的鸡肉和精巧的鱼类菜肴——巴厘岛和龙目岛上的美食种类丰富。与之搭配的总是当地产的稻米，没有这种米饭，一餐就不完整。印度尼西亚人认为，一个人如果不吃米饭的话，就不会有饱腹感。

　　每天清晨，妇女们都会早早起床，为家人煮上米饭并做几道菜肴。在印度尼西亚的日常生活中，并不存在一种公认的饮食文化，一个人只要饿了，他就可以吃东西。印尼美食从热菜到冷菜应有尽有，许多餐厅都会提供这样的食物。在这里，人们用叉子和勺子吃饭，或者干脆直接用手。只有在吃中餐的时候人们才会使用筷子，比如肉丸面（mie bakso）或者炒蔬菜（cap cay）。

　　节日期间则是完全不同的景象。在巴厘岛人的庆典期间，男人们会为仪式性的菜肴准备食材——从宰鸭杀猪到碾磨香料。通常，准备这些材料需要花费几天的时间，烹饪和享用菜肴则是整个村子的集体活动。

　　由香料做成的酱料赋予了每一道菜肴不同的特色。人们将各种各样的材

> 姜黄、椰子、柠檬草——巴厘岛、龙目岛和吉利群岛的美食形态万千,最重要的是它们总是十分新鲜。

料放入一个石槽中并将其捣碎,随后进行短时间的香煎。不可或缺的材料是生姜、姜黄、高良姜和香菜。柠檬草、酸橙、萨拉姆叶(salam leaves)和酸角让菜肴富有鲜味,棕榈糖和石栗带来甜甜的味道,虾酱和辣椒的存在则带来辣味。

大多数没有休息日的餐厅都有适应一般游客口味的菜肴,除了供应比萨、牛排和寿司外,还有不同种类的印度尼西亚特色菜肴,如炒饭(nasi goreng)、什锦炒面(goreng)、鸡蛋花生酱沙拉(gadogado)或鸡肉粉丝汤(soto ayam),与之搭配的还有肉串(sate)或者咸咸的发酵豆制饼(tempe)、咖喱饭调味品(sambal)

巴厘岛　龙目岛　吉利群岛

特色美食

炸鸡（ayam goreng） 酥脆的油炸鸡肉。

塔里旺鸡（ayam taliwang） 用来自龙目岛的辣椒酱烤制而成的脆皮鸡。

烤乳猪（babi guling） 由明火烤制的塞满香料的乳猪，是巴厘岛的节日菜肴。

菠萝蜜猪肋排（balung nangka） 红烧菠萝蜜排骨。

脏鸭餐（bebek betutu） 把塞满香料的鸭子放在香蕉叶中煮数小时，直到它的肉质变得软嫩，是巴厘岛的节日菜肴。

酒（brem） 由棕榈汁制成的酒。

黑糯米布丁淋椰奶（bubuh injin/bubur ketan hitam） 由黑色糯米做成的布丁。

塞拉米卡（ceramcam） 由木瓜和鱼、鸡肉或猪肉熬制的清汤。

加多加多（gado-gado） 蔬菜鸡蛋沙拉和淋着花生酱的豆腐。

马来粽（keupat cantok） 用编织的棕榈叶包裹煮熟的大米，搭配蔬菜和花生酱。

千层糕（kue lak-lak） 用棕榈糖和磨碎的椰子做成的圆形米粉蛋糕。

什锦拼盘（lawar） 由掺着调味酱、菠萝蜜、木瓜、豆角和椰子的肉末制成的菜肴。

香蕉叶包饭团（lontong） 由香蕉叶包裹煮熟的米饭。

炒面（mie goreng） 炒面，通常搭配鸡蛋和黄瓜。（上左图）

炒饭（nasi goreng） 炒饭，通常搭配鸡蛋，虾片和一些沙拉。（上右图）

黄姜饭（nasi kuning） 搭配姜黄，在椰奶中煮熟的黄色节日米饭。

什锦饭（nasi rames） 米饭搭配不同的特色菜。

辣椒通心菜（pelecing kangkung） 水菠菜搭配豆芽和番茄辣椒酱。

烤鸡（pelecingan） 用热腾腾的辣椒油煎或蒸鸡肉，在龙目岛很受欢迎。

香蕉叶烤鱼（pepesan ikan） 用香蕉叶包裹鱼和香料烤熟。

沙嗲烤鸡肉串/猪肉串/羊肉串（sate ayam/babi/kambing） 烤鸡肉、猪肉或山羊肉串配花生或酱油。

海鲜泥串烧（sate lilit） 切碎的鱼或海鲜，与椰子和香料混合串在竹签上烤。

椰花酒（tuak） 用棕榈汁酿成的酒。

蔬菜沙拉配椰蓉（urap-urap） 蔬菜沙拉配用磨碎的椰子、红洋葱、大蒜、盐和辣椒酱调制成的酱汁。

美食

和虾片（krupuk）。

正宗的并且通常来说更便宜的食物是由小吃摊（kaki lima）或街头餐馆（warungs）提供的。与那些通常晚上10点以后不再接受订单的普通餐厅相比，您可以在白天或晚上的任何时候不费力气地找到它们。不过，最好只吃新鲜烹制的食物，对于已经放置了一段时间的菜肴，就直接放弃吧！同样需要放弃的还有未煮沸的水、加入饮料中的冰块和切好的水果（在一些相对好的餐厅您可以吃冰激凌和水果）。有一个经验法则：如果一家街头餐馆人非常多，那么那里的食物您可以放心吃。

近年来，许多新兴顶级餐厅更加重视传统美食，许多平价餐馆也再次在菜单上列入了许多当地特色菜。精心制作的节日菜肴，如烤乳猪或脏鸭餐通常都需要事先预订。

甜品在这里很少见，但是有各种由椰子或糯米制作而成的蛋糕和布丁，还有一种流行的零食是炸香蕉（pisang goreng）。水果的数量多得令您想不到：甜蜜的芒果、木瓜和红毛丹，芳香四溢的山竹果和蛇皮果，巨型菠萝蜜，酸酸的荔枝，以及被印度尼西亚人称为"水果之王"的多刺的榴莲。榴莲凭借独特的气味吸引了众多游客。

与甜品搭配饮用的是茶或摩卡咖啡。如果您不特别说明，您会得到一份加了许多糖的饮品。而那些点了牛奶的人，品尝过后或许会说，他们根本不想要这种又黏又甜的炼乳。同时，许多咖啡馆也提供拿铁咖啡，而比较廉价的酒店仍然为客人的早餐提供速溶咖啡。这里的果汁是一大亮点：由菠萝、甜瓜、番石榴和鳄梨搭配上沙冰和少量牛奶或酸橙汁制作而成。啤酒几乎无处不在，特别值得推荐的是根据德国和英国的配方在巴厘岛酿造的风暴啤酒（Storm Beer）。葡萄酒爱好者则必须多花点钱了，巴厘岛上最便宜的葡萄酒是当地产的哈顿葡萄酒（Hatten Wines）。与穆斯林众多的龙目岛形成鲜明对比的是，巴厘岛的烈酒种类繁多，从自制利口酒到香辣阿拉克酒（米酒）应有尽有。但要小心杜松子酒！由于酒精掺假，在巴厘岛和龙目岛出现了几起严重的游客甲醇中毒事件。如果您的胃不能适应当地的饮食，可以尝试椰青（kelapa muda），其汁水不仅新鲜，而且有愈疗功效。

巴厘岛餐厅在线指南：@ www.balieats.com @ balifoodandfun.com @ www.bali-indonesia.com/dining。

热带水果被加工成清爽的饮料

购 物

巴厘岛是购物者的天堂,在这里您可以买到各种价位的服装、手工艺品和珠宝。来自全国各地的印度尼西亚人都前往沙努尔以北20千米处的苏卡瓦提(Sukawati)的艺术市场,来自巴厘岛、龙目岛和爪哇岛的兼具实用和观赏性的物品都在这里销售,而且比大多数商店便宜许多。龙目岛以纺织品和陶瓷而闻名,若想以最低的价格购买还是得去生产地或市场。在这些地方,请牢记砍价秘笈:至少砍掉要价的一半。那些计划来一场扫荡式购物的人应该早点起床,因为卖家认为一天的成功取决于第一笔交易,所以在早晨他们往往愿意给出更低的价格。旅游度假村里的商店通常有固定的价格,但要价较高。请您慎买古董——只有极少数是真的老古董。任何买了家具或雕塑的人都可以让专业公司进行配送。

木雕

无论是神话人物、面具、风格别致的水果还是整个门框,巴厘岛人几乎可以雕刻所有东西。您也可以订购其他国家风格的纪念品。乌布附近的玛斯村(Mas)的木雕师是真正的艺术大师。

藤柳制品

由竹子、棕榈叶或藤制成的篮子、盒子、袋子和杯垫是完美的纪念品:既好看又实用。这些商品大部分来自龙目岛的贝拉卡(Belaka)、罗约克(Loyok)和苏拉纳迪(Suranadi)。

蛇形弯剑

据说这种华丽的匕首具有精神上的力量。它们是舞蹈和仪式中的重要工具,从父亲手中继承的剑对于一个男人来说很重要。较为贵重的蛇形弯剑可以在好的古董店购买,廉价的版本可以在乌布附近的苏鲁村(Celuk)购买。

首饰

巴厘岛有手艺精湛的银饰和金饰匠。最著名的是乌布附近的苏鲁村,

色彩缤纷的面料、皮影、柳条制品和珍珠项链——在巴厘岛、龙目岛和吉利群岛，您可以尽情购买纪念品。

不幸的是它快要被旅游巴士所吞没。**美丽的香槟色珍珠**来自龙目岛，但闪闪发光的黑色和粉红色珍珠大多是从大溪地（Tahiti）和中国进口的，而彩色的宝石主要来自加里曼丹（Kalimantan）。如果您想要高品质的珠宝，请在大型商店采购，不要在海滩上购买。

布料

几乎所有经典的蜡染织物都来自爪哇岛，但巴厘岛人已经改造了这种技术并创造出了自己的图案。织物正反两面同样有明显的图案是质量优良的体现。巴厘岛和龙目岛的特色是伊卡特（Ikat），根据不同的图案，它们的生产过程可能需要数周或数月。在购买伊卡特时要注意颜色的质量。特别值得一提的是来自巴厘岛阿迦（Bali Aga）村落登安南村（Tenganan）的格林吉恩（Geringsing）布料，据说这种布料具有魔力。只有少数女性能制作这些极其罕见、工序复杂且成本高达数百万卢比的双面花纹布料。

陶器

巴厘岛的佩贾滕（Pejaten）以其丰富多彩、装饰华丽的陶瓷而闻名。然而，大部分陶器都来自龙目岛：生活在邦尤姆雷克村（Banyumulek）和马斯巴吉特（Masbagik）的萨萨克族人生产简单雅致的红陶陶器。

哇扬皮影

精巧的皮影价格昂贵，在水牛皮上冲压制作的图案使它与众不同，即使真的年岁久远了，它也只显示出一点磨损的迹象。大部分来自西爪哇的手工木偶也是如此。

巴厘岛

　　刚抵达巴厘岛时，大多数游客就已经被这里的异域风情所震撼。刚刚还是在交通混乱的街道上，不一会他们又发现自己置身在芬芳的鸡蛋花树、温柔的甘美兰音乐和神秘的庙会仪式中，这些也代表着每个巴厘岛人的日常生活。

　　每个家庭和旅馆每天都会给家中的神像多次供奉水果、稻米、花和香熏。房主、酒店员工或是店主穿着裹裙，戴着绶带和头饰，将这些供品放在小供台上的棕筐里。更加令人印象深刻的是节日期间的巴厘岛，那时每个人都穿着喜庆的长袍，伴着喧天锣鼓前往寺庙，妇女还会头顶"水果金字塔"。

　　巴厘岛是印尼这个穆斯林人口众多的国家中的另类：400万岛民中有90%左右是印度教教徒。由于这里较晚被殖民且较早进行了旅游开发，巴厘岛才能够留住他们自己的文化。巴厘岛人的世界观是建立在他们自己的神话基础之上的，据说海中有恶魔居住，而神灵住在山上。这里最神圣的寺庙布撒基寺位于3 148米高的阿贡火山的斜坡上，这座火山是巴厘岛最高和最神圣的山。汹涌的河流流经沟壑、森林和稻田冲向海滩，岛屿南部

上图：巴厘岛水宫

> 火山和珊瑚礁、夜总会和沙滩、避难所和寺庙——巴厘岛从方方面面为人们带来惊喜。

的海滩是白色的,而北部则因火山而成为黑色。

巴厘岛人会花费很多时间履行对神和社会的传统义务,巴厘岛的行政管理和部分管辖权仍然掌握在每个已婚男子所属的班查尔(Banjar)手中。然而,使传统与现代生活相协调对于许多巴厘岛人来说变得越来越困难。全球化席卷了这个印尼的小岛,每年近300万外国游客带来的不仅仅是外国货币,国外的各方影响也渗透进了这个面积5 700平方千米的岛上。库塔就是一个显著的例子,那里的大部分游客都是为了海滩、冲浪和派对而来。在其北部4千米以外的别致的水明漾,餐厅、酒吧和酒店鳞次栉比。为了防止游客过度密集,建于20世纪70年代、位于布奇半岛(Bukit Peninsual)南部的旅游度假胜地努沙杜瓦(Nusa Dua)海滩,现在已经不再对

巴厘岛　龙目岛　吉利群岛

在艾湄湾的海岸线下，潜水员可以看到一个水下热带天堂

游客开放了。

如果不喜欢热闹，您还可以在岛北部和东部的艾湄湾（Amed）、罗威纳（Lovina）或佩姆德兰（Pemuteran）放松身心，潜水、跳水。另一方面，乌布已成为对文化和宗教感兴趣的人的天堂。越来越多的供应商在高档旅游度假区内打造了环保的休闲设施，其中，瑜伽课程和有机美食也是必不可少的。

艾湄湾

（Amed）（折页 N3）起伏的山丘和小型海湾是巴厘岛东海岸的特色。

这里一度被称为"岛上的贫民窟"，但在过去10年，从艾湄湾通过珍湄卢克湾（Jemeluk）、布努坦（Bunutan）、里帕（Lipah）和塞廊（Selang）再通往南部，狭长的沿海公路沿线的酒店和餐馆数量不断增加，艾湄湾渔村以南的海岸线已成为寻求安宁的旅行者的天堂。尽管如此，艾湄湾仍然非常安静，可以让家庭和潜水爱好者度过轻松的假期。大部分小型度假胜地都位于悬崖高处或者海湾的黑沙滩上，那里是游泳和浮潜的理想地点。黄昏时分，您可以观看渔民乘船出海，但是在艾湄湾几乎没有任何购物机会或者夜生活。

您可以直接从艾湄湾坐船到达吉利群岛。🕒 45分钟 @ 库塔希坦海运（Kuda Hitam Express）：www.kudahitamexpress.com；吉利海运（GiliSea Express）：www.gili-sea-express.com；自由鸟海运（Freebird Express）：freebird-express.com

巴厘岛

美食

塞拉吉（Celagi）
位于沙滩上的餐厅，提供新鲜的巴厘岛和欧洲的菜肴、海鲜和甜品，价格亲民。🏠 Jemeluk ¥ ¥ 📞 08 59 35 02 66 19

船屋餐厅（Sails）
在海上的通风阳台上，您可以享用新鲜的海鲜、牛排和美味的甜点。
🏠 Lean Beach ¥ ¥¥ 📞 0 36 32 20 06

当地锦囊 瓦瓦维维海滩（Wawa Wewe Beach）
作为家族企业的第4个分店，它提供简单而优质的西式和印尼美食，是当地人和游客聚会的好地方，其鸡尾酒和现场音乐会（🕐 周一和周四）是吸引游客的最大亮点。
🏠 Amed ¥ ¥~¥¥ 📞 0 36 32 35 22

户外活动

艾湄湾对深潜和浮潜爱好者来说是十分具有吸引力的。在大多数海湾中，人们可以直接潜入水下，并且总是能够遇到色彩缤纷的珊瑚和鱼群。最好的地方是珍湄卢克湾和里帕，备受欢迎的潜水点是珍湄卢克湾前的礁石和塞廊岛（Gili Selang）。在北面稍远处的图兰奔（Tulamben）有壮观的珊瑚墙，是巴厘岛最重要的潜水景点。第二次世界大战期间，一艘美国的供应船在这里的珊瑚丛附近沉没。近年来，各色国际度假村和它们办的潜水学校纷纷在这里落户。从艾湄湾到这里只需半小时，乘船的话会更快。提供潜水课程和旅游项目的组织有小渔船潜水（Jukung Dive 🏠 Amed 📞 0 36 32 34 69 @ www.jukungdivebali.com）、生态潜水（Eco Dive 🏠 Jemeluk 📞 0 36 32 34 82 @ www.ecodivebali.com

必游景点

★ **乌鲁瓦图断崖寺**
南海岸悬崖上的古寺庙。→ P.40

★ **登安南村**
体验巴厘岛阿迦村落的土著文化和传统。→ P.44

★ **布扬湖和坦布林根湖**
在稻田和瀑布间来一场印尼式的漫步。→ P.54

★ **蓝梦岛**
理想的潜水、冲浪和放松地。→ P.55

★ **孟姜干岛**
在西巴厘岛国家公园潜水。→ P.61

★ **水明漾**
购物后，在巴厘岛最时尚的海滩酒吧品尝鸡尾酒，欣赏日落。→ P.66

★ **巴图卡鲁火山**
郁郁葱葱的水稻梯田令人叹为观止，森林里还有一座神秘的寺庙。→ P.70

★ **乌布**
在这个神圣的地方通过艺术、水疗和瑜伽探索灵性的巴厘岛。→ P.71

★ **巴图尔火山**
奇异的火山景观和古老的传统。→ P.78

巴厘岛 龙目岛 吉利群岛

乌戎水上皇宫曾经是皇族的住所，今天是受欢迎的娱乐区

com）。巴厘岛艾湄湾之旅（Amed Bali Tour）还会安排和渔船一同出海的项目。

住宿

蓝月亮别墅（Blue Moon Villas）

这是位于塞廊陡峭斜坡上的宽敞平房，在所有客房、餐厅、2个游泳池和水疗中心都能欣赏到海景，餐厅也很不错。有34间客房。🏠 Selang ¥ ¥¥¥ ☏ 0 36 32 14 28 @ www.bluemoonvilla.com

甘榜别墅（The Kampung）

两个传统的爪哇风格木屋，附带直接在沙滩上挖出的泳池，提供餐饮服务。有5间客房。🏠 Jl. Abang Adem, Bunutan ¥ ¥¥ ☏ 0 36 32 30 58 @ www.thekampung.com

棕榈园艾湄湾海滩和水疗度假村（Palm Garden Amed Beach & Spa Resort）

现代简易别墅，配有游泳池、水疗中心和沙滩餐厅，按照风水原则建造。有11间客房。🏠 Lean Village, Bunutan ¥ ¥¥¥ ☏ 08 28 97 69 18 50 @ www.palmgardenamed.com

艾湄湾尤亚酒店（Hotel Uyah Amed）

充分利用了太阳能的生态度假村，有2个游泳池以及水疗中心和餐厅。有27间客房。🏠 Amed ¥ ¥ ☏ 0 36 32 34 62 @ www.hoteluyah.com

周边景点

阿拉普拉（Amlapura）（折页N4）

这里距昔日强大的卡朗阿森（Karangasem）王朝的遗迹约25千

巴厘岛

米,在今天是一个拥有4万居民的城市。阿拉普拉的风景值得驻足欣赏。您既可以在有中国商店和穆斯林街头餐厅的狭窄街道上漫步,也可以去参观两座皇家宫殿。有荷兰殖民风格的普里阿贡宫(Puri Agung ⏰ 每天8:00—17:00 ¥ 门票10 000卢比),包括水亭在内都被完好保存。相比之下,18世纪建成的乌布宫(Puri Saren ⏰ 8:00—17:00 ¥ 门票10 000卢比)构造复杂,破旧不堪,但也有一些有趣的图片和统治者使用的物品等您去发现。

巴厘岛水宫(Tirtagangga)(折页N4)

坐落在水稻梯田之中、艾湄湾西南18千米处的就是巴厘岛水宫的神圣泉源("恒河圣水"),卡朗阿森的最后一位国王于1948年在其周围建造了一座公园。几个雕刻着轮廓分明的石像鬼的游泳池在华丽的花园中发出潺潺的声响。在其中的两个游泳池中,您可以通过额外付费来游泳(¥ 10 000卢比)。⏰ 每天 8:00—18:00 ¥ 门票20 000卢比

乌戎水上皇宫(Ujung Water Palace)(折页N4)

1921年,卡朗阿森的国王将位于艾湄湾以南30千米处的乌戎水上皇宫(⏰ 每天8:00—17:00 ¥ 门票35 000卢比)作为住所。该建筑群于1979年遭受地震的摧残,但是后来它经过了现代化的翻修,有了泳池和花园。您可以在此散步,欣赏阿贡火山的景色。从乌戎回到艾湄湾需要经过一条弯曲的🌿海滨路。如果您想长时间地享受宁静的氛围,

可以入住塞拉雅海岸度假村(Seraya Shores Resort ¥¥ 📞 08 12 36 11 93 58 @ www.serayashores.com)。这里有7间空气清新的别墅,您可以尽情享受在海上的泳池以及主厨每天亲自采购的健康食材。

布奇半岛

(Bubit Peninsula)(折页H-J 7-8)布奇半岛——通常被简称为"Bukit"(山丘),它就像在巴厘岛南端垂悬的一滴水。

干旱一度使人难以在此居住,而现在,高达200米的石灰石被称为"百万富翁线":在壮观的悬崖高处开辟了越来越多的豪华度假村,库塔的俱乐部景观也延伸到了这里。早在20世纪70年代,政府就在半岛广阔的东部沙滩上建造了酒店城市努沙杜瓦,以便更好地吸引游客。3道被严密守卫的大门引领人们从港口城镇白努亚湾(Tanjung Benoa)进入僻静的五星级世界,那里为游客提供除巴厘岛真实生活外的一切。在 ● 金巴兰的西岸可以更好地看到这一点,早上和晚上,各式各样的渔船将它们的战利品出售给海滩沿线受游客欢迎的餐厅。这个半岛尤其受到冲浪运动爱好者的喜欢,他们可以在西南部的海湾中尽情享受冲浪的乐趣。

周边景点

太平洋博物馆(Museum Pasifika) ●

博物馆坐落在努沙杜瓦酒店大楼的中间。这座现代巴厘岛式建筑风格的博物馆不仅展示了来自印度尼西

39

巴厘岛　龙目岛　吉利群岛

亚的艺术，还展出了来自欧洲、中南半岛、东亚和太平洋岛国的艺术。🏠 Block P，Nusa Dua ¥ 门票70 000卢比 🕒 每天10:00—18:00

乌鲁瓦图断崖寺（Pura Luhur Uluwatu）★ ⚜

汹涌的波涛上方约80米处是一座11世纪建成的古寺，它是巴厘岛6座最神圣的寺庙之一，是为纪念海上女神而建造的。沿着成排的鸡蛋花树有一个通向寺庙外院的楼梯，其弧形门由象头神的雕像守卫。白色珊瑚墙壁上雕刻着巴厘岛神话中的场景，中庭和内院只有印度教教徒才能进入。沿着一条狭窄的道路穿过寺庙，沿着悬崖边，走到深处您就会欣赏到壮观的海景。● 特别推荐日落时，在寺庙前欣赏喀恰舞。但在此之前您应该妥善存放贵重物品，比如相机和太阳镜，以保护它们免受猴子的攻击。¥ 门票40 000卢比，观看喀恰舞100 000卢比 🕒 每天9:00—19:00，喀恰舞每天18:00

美食

努沙杜瓦和半岛其他地区的豪华酒店都拥有优质而昂贵的餐厅。在金巴兰的海滩上，您能找到 ● 物美价廉的海鲜大排档（🕒 12:00—23:00）。

巴厘餐厅（Balique Restaurant）

在空气清新的复古风格建筑中享受美食。🏠 Jl. Uluwatu 89，Jimbaran ¥ ¥¥~¥¥¥ 📞 03 61 70 49 45

佛陀灵魂（Buddha Soul）🌱

与瑜伽店融为一体的有机餐厅，提供素食和生食。🏠 Jl. Labuansait，Padang Padang Beach ¥ ¥¥ 📞 0 36 18 95 73 38

班布巴厘（Bumbu Bali）

屡获殊荣的主厨海因茨·冯·霍尔森（Heinz von Holzen）提供各种巴厘岛菜肴，并教授烹饪课程。🏠 Jl. Pratama，Tanjung Benoa ¥ ¥¥ 📞 03 61 77 22 99

当地特色 单翅（Single Fin）⚜

在酷炫的冲浪俱乐部可以欣赏悬崖景色，品尝比萨饼、墨西哥玉米饼和鸡尾酒，享受各式各样的音乐。🏠 Jl. Mamo Uluwatu，Uluwatu ¥ ¥¥ 📞 03 61 76 99 71

户外活动

大酒店提供各种水上运动场所以及网球场和豪华温泉。半岛西南部的壮观波浪吸引着来自世界各地的冲浪爱好者。巴东冲浪营（Padang Surf Camp 📞 08 19 99 28 35 49 @ www.balisurfingcamp.com）提供冲浪课程。高尔夫爱好者会在位于努沙杜瓦的巴厘岛全国高尔夫俱乐部（Bali National Golf Club）找到亚洲最好的高尔夫球场之一。另一个选择是坐落在培卡图（Pecatu）、俯瞰大海的⚜ 新库塔高尔夫球场（New Kuta Golf @ short.travel/bal6）。

海滩

半岛最广阔的海滩位于努沙杜瓦的酒店建筑群里，白努亚湾和金巴兰以南的海滩也大多被酒店占据。金巴兰的鱼餐馆前面的长廊是散步的好地方。美丽的梦幻海滩（Dreamland Beach）通常很拥挤，潘达瓦海滩（Pandawa Beach）也是如此。比较难以接近的是深受冲浪者喜欢的宾目海滩（Bingin）、巴兰根海滩（Balangan）和巴丹-巴丹海滩（Padang-Padang），在这里游泳和浮潜也是可以的。然而，在不可能海滩（Impossibles）、酿酿海滩（Nyang-Nyang）、苏鲁班海滩（Suluban）和乌鲁瓦图海滩（Uluwatu）的滔天巨浪中，非冲浪者和冲浪初学者最好只是远远看着，不要轻易尝试。

夜生活

岩石酒吧（Rock Bar）

岩石酒吧属于阿雅那水疗度假村，建在18米高的悬崖之上，享誉全球。度假村的住客可以优先进入，位置也更好一些。不接受预订，建议尽量早点去，可以占到好位置欣赏日落。🏠 Jl. Karang Mas Sejahtera, Karang Mas Estate, Jimbaran 🕐 16:00—24:00 ¥ ¥¥~¥¥¥ 📞 03 61 70 22 22 @ www.ayanaresort.com/rockbarbali/wp/

住宿

阿雅那水疗度假村（Ayana Resort and Spa）

度假村坐落在悬崖边上，可俯瞰白色的沙滩和蓝宝石般的印度洋，是欣赏日落的绝佳之处，受到很多明星青睐。度假村分3个区域，公共设施共享，有免费的摆渡车接送。这里更有让人无法拒绝的无边泳池。🏠 Jl. Karang Mas Sejahtera, Karang Mas Estate, Jimbaran 🕐 入住15:00—24:00，离店12:00前 ¥ ¥¥¥ 📞 03 61 70 22 22 @ www.ayanaresort.com/rockbarbali/wp/

蓝点湾景别墅水疗酒店（Blue Point Bay Villas & Spa Hotel）

酒店坐落在乌鲁瓦图海边的悬崖边上，离乌鲁瓦图断崖（情人崖）不远。酒店拥有无边泳池和四面全玻璃教堂。无边泳池旁边的餐厅临近悬崖边缘，是欣赏日落景色及享受浪漫晚餐的不错之选。客房设施稍显陈旧，但房间的阳台外树木郁郁葱葱，别有一番情趣。酒店提供水疗和按摩服务。🏠 Jl. Labuansait, Uluwatu, Pecatu 🕐 入住14:00之后，离店12:00之前 ¥ ¥~¥¥ 📞 03 61 76 98 88、08 11 38 57 88 @ www.bluepointbayvillas.com

巴厘岛布尔寄宿家庭（Bali Bule Homestay）

这个美丽的家庭酒店设有游泳池和餐厅，距离苏鲁班海滩和巴丹-巴丹海滩5分钟车程，是冲浪者的理想住宿之地。有10间客房。🏠 Jl. Pantai PadangPadang, Uluwatu ¥ ¥ 📞 03 61 76 99 79 @ balibulehomestay.com

巴厘岛珊瑚礁度假村（Bali Reef Resort）

维护良好的、适合家庭入住的别墅度假村，附带游泳池、水疗馆和海滩餐厅。有28间客房。🏠 Jl. Pratama, Tanjung Benoa ¥ ¥¥¥ 📞 03 61 77 62 91 @ www.balireefresort.com

巴厘岛 龙目岛 吉利群岛

布奇半岛的滔天巨浪对许多冲浪者来说是一个巨大的挑战

金巴兰普里巴厘岛度假村（Jimbaran Puri Bali）

坐落在宽敞的热带花园中别致的度假村，有巨大的游泳池、水疗馆、餐厅和沙滩上的酒吧，提供家庭优惠和婚礼服务。有64间客房。🏠 Jl. Uluwatu, Yoga Perkanthi Lane, Jimbaran ¥ ¥¥¥ ☎ 03 61 70 16 05 @ short.travel/bal7

寺庙旅馆（The Temple Lodge）

入住宾艮山崖上7间设计独特的套房之一，享受有机美食、游泳池和水疗。每天提供瑜伽课程。🏠 Jl. Pantai, Bingin ¥ ¥¥ ☎ 08 57 39 01 15 72 @ www.thetemplelodge.com

乌达亚那翠鸟生态度假村（Udayana Kingfisher Eco）

这个生态酒店坐落在乌达亚那大学校园中的山丘上，远离旅游热点地区的喧嚣，提供宁静的住宿环境。有15间客房和2座常住别墅。🏠 Kampus Udayana, Jimbaran ¥ ¥¥ ☎ 03 61 74 71 93 83 @ udayanaecolodge.com

甘地达萨

（Candidasa）（折页 N5）甘地达萨通常被称为"老巴厘岛"，这个前渔村（大约2万居民）保留了其原有的魅力，然而，这并不是乍一看就能领略到的。

在20世纪70年代旅游热潮中，海岸外的珊瑚礁被用作建筑材料。10年之后，海浪完全摧毁了海滩。今天，不甚美观的混凝土墙保护主城免受进一步侵蚀。在中心东部和西部的棕榈树林中和美丽的海滩上有平房。甘地达萨是探索巴厘岛东部山区的理想地点。

巴厘岛

美食

莱扎特海滩餐厅（Lezat Beach Restaurant）

在海边的通风凉亭中享用巴厘岛美食。傍晚有当地音乐，周二、周四和周六有雷贡舞。 Jl. Raya Candidasa ¥¥ 0 81 23 94 10 75

甘地达萨面包房（Loaf Candidasa）

这里有很棒的蛋糕和面包、绝妙的早餐咖啡、新鲜沙拉和午餐馅饼。 Jl. Raya Candidasa ¥ 08 13 46 29 98 78 @ www.ayutamansari.com

文森特（Vincent's）

舒适的餐厅酒吧，提供国际美食和一流的鸡尾酒、葡萄酒，还有现场爵士乐。 Jl. Raya Candidasa ¥¥ 0 36 34 13 68 @ www.vincentsbali.com

海滩

甘地达萨主要街道的东侧是狭长的海滩，但越往西沙滩越宽阔。特别受欢迎的是尚未开发的巴西立海滩（Pasir Putih，又名"白色沙滩"）：在甘地达萨东北部约5千米处，一条崎岖不平的道路通向岩石沙带，海水如水晶般透彻。一般来说，那里从中午开始就变得非常拥挤。

住宿

拉曼格斯酒店（Alila Manggis）

位于甘地达萨西部美丽海椰子树下的优雅酒店，提供游泳池、水疗馆、瑜伽课程和美食。在管理者环保意识的驱动下，垃圾回收项目已经在邻近村庄启动。有55间客房。 Buitan Manggis ¥ ¥¥¥ 0 36 34 10 11 @ www.alilahotels.com/manggis

海风度假区（Sea Breeze）

这个建设完善的度假区坐落在门迪拉（Mendira）的海滩上，拥有家庭氛围的餐厅、两个游泳池和一个水疗中心。有16间客房。 Mendira Beach ¥ ¥¥ 0 36 34 21 49 @ www.seabreezecandidasa.com

罗莎别墅（Villa Rossa）

甘地达萨北部的现代别墅群，设有游泳池、水疗中心和潜水学校。有20间客房。 Jl. Pantai Indah ¥ ¥¥ 0 36 34 20 62 @ w_maras@yahoo.com

水恋花园（The Watergarden）

这13间平房隐藏在山坡上郁郁葱葱花园里的荷花池之间，有2个游泳池以及水疗馆和餐厅。 Jl. Raya Candidasa ¥ ¥¥¥ 0 36 34 15 40 @ www.watergardenhotel.com

周边景点

阿贡火山（Gunung Agung）（折页M-N 3-4）

根据巴厘岛人的信仰，众神生活在这座距离甘地达萨大约30千米的直插云端的高峰上。在1963年火山的喷发中，巴厘岛东部的大部分地区遭到破坏，这正是众神恼怒的表现。2018

43

巴厘岛　龙目岛　吉利群岛

晨雾笼罩了布撒基寺的中央寺庙群

年7月,阿贡火山再一次喷发。可以从布撒基寺(对于有经验的登山者,约需要6小时)或阿贡市场寺庙(约4小时)攀登至700米宽的火山口。最好有一个向导领路。

省钱有道

登巴萨的巴厘岛艺术节(Bali Art Festival ⏰6月、7月)上,舞蹈和音乐表演大多是免费观看的,并且比旅游区舞台上的精彩得多。

在乌布美食节(Ubud Food Festival)上有各种活动,您可以免费品尝新鲜的美食。(P.123)

● 参观圣殿时,不要每次都买或租纱笼,而是要在假期开始时就准备好一套。

帕拉马旅行(Perama Tours @ www.peramatour.com)的老顾客在出示旧票会获得折扣。

布撒基寺(Pura Besakih)(折页L-M4)🌿

巴厘岛的"母庙"位于甘地达萨西北约40千米的阿贡火山山坡上约1 000米处,那里有美丽的景色。这个巴厘岛最大,同时也是最重要的寺庙群起源于11世纪,由22座位于山峰上的寺庙组成。其中心是献给湿婆神的带有莲花宝座的培那塔兰阿贡寺(Pura Penataran Agung)。从停车场到寺庙的距离较远,这也已经成为一个黑心导游和卖家对游客所设的旅游陷阱,请您格外小心。⏰每天8:00—17:00 ¥门票35 000卢比

登安南村(Tenganan)★(折页N4-5)

在一些隐蔽的村庄里生活着巴厘岛的原住居民——巴厘岛阿迦(Bali Aga),他们过着严格遵循传统的生活。甘地达萨以北3千米的登安南村是

巴厘岛

唯一一个可以发展旅游业的巴厘岛阿迦聚居村落。传统的房屋从村庄的左右两边向山上延伸。您可以在村庄入口处捐款，观看居民使用糖棕树叶或著名的格林吉恩布料织作品——只有少数女性仍然掌握这门制作双面编织伊卡（Ikat，染织结合的一种织物）布料的艺术。生产这些昂贵的、具有魔力的织物需要数周，甚至数年的时间。在每年6月举办的乌萨巴汕霸节（Usaba Sambah Festival）上，村里的年轻人用露兜树的叶子相互争斗。

登巴萨

（Denpasar）（折页 J6-7）现代商业中心、行政大楼和流量巨大的交通是巴厘岛首府的特点，这里拥有约80万来自全国各地的居民，生动的生活反映了印度尼西亚的真实面貌。

登巴萨的西南部与水明漾无缝接合，东南部的郊区一直延伸到沙努尔。大多数游客只是草草经过登巴萨，但这座从前的皇家城市（曾名为Bachung）拥有许多美丽的建筑和公园，历史悠久的博物馆和文化中心也值得参观。1906年，旧王宫大部分都被荷兰殖民者摧毁了，只有较小的萨特里亚宫（Puri Satria　Jl. Veteran）、波莫纠丹宫（Puri Pemecutan　Jl. Thamrin）和杰罗库塔宫（Puri Jerokuta　Jl. Dr. Sutomo）保留下来，可供参观。尽管殖民统治者在新加拉惹（Singaraja）建立了行政总部，但登巴萨早在20世纪30年代就已成为重要的贸易中心，但直到1958年才获得首府地位。

景点

登巴萨艺术中心（Taman Wedhi Budaya）

艺术中心位于登巴萨东部的一个公园内。美术学院、画廊和3个露天舞台均坐落在这个建筑群里。巴厘岛艺术节（Bali Arts Festival @ www.baliartsfestival.com）每年都会在6月、7月举行，届时这里将到处都是游客。周一至周四、周六8:00—14:30，周五8:00—12:30；节日期间每天10:00—22:00　Jl. Nusa Indah

巴厘岛博物馆（Bali Museum）

您可以在博物馆看到史前文物、舞蹈服装、宗教物品和甘美兰乐器。1910年，荷兰人创立了该博物馆，今天它共由4座建筑组成，展示了不同时期的巴厘岛宫殿和寺庙建筑，如吉尔吉尔（Gelgel）和卡朗阿森王朝的建筑。每周六下午4点，儿童舞蹈团队都在院子里训练（免费入场）。Jl. Mayor Wisnu　门票20 000卢比　周六至次周四8:00—16:00，周五8:30—12:30

> **从这里出发**
>
> 加查马达大街（Jl. Gajah Mada）：登巴萨的主轴线开始于西巴士总站以南，所有城际巴士都穿过中心并到达那里。这里还有两个市场，巴塘市场（Pasar Badung）和昆巴沙利市场（Pasar Kumbasari）。沿着大街向西行驶约500米，您将抵达加格那塔寺（Pura Jagatnatha）和巴厘岛博物馆所在的普普坦广场（Puputan Plaza）。

巴厘岛　龙目岛　吉利群岛

面具舞者在登巴萨的巴厘岛艺术节上演出

普普坦广场（Puputan Plaza）

登巴萨市中心绿色广场上的纪念碑铭记了普普坦事件——巴塘（Badung）和坦巴南（Tabanan）王子带着民众在普普坦广场集体自刎于荷兰侵略者面前。1906年，所有巴厘岛人都手无寸铁却依旧反抗入侵的荷兰人，以避免巴厘岛沦为殖民地。那些在枪战中幸存的人之后也都纷纷以死明志。在今天，到了晚上，广场会成为一个受欢迎的集会场所。

加格那塔寺（Pura Jagatnatha）

普普坦广场的东侧是加格那塔寺，建于1953年，是为集合了湿婆、梵天和毗湿奴的至高无上的神——桑香·韦迪而建，同时也迎合了印尼传统信仰中的一神论。寺庙由白色珊瑚建成。在满月的夜晚通常有哇扬戏表演，人们在这时探讨哲学、畅饮，极尽欢娱。

美食

贾尼卡咖啡馆（Bhineka Jaya Cafe）

由巴厘岛最著名的咖啡生产商创建的咖啡店。咖啡馆位于一个殖民时期的仓库，咖啡十分诱人，包括世界上最昂贵的咖啡——猫屎咖啡。🏠 Jl. Gayah Mada 80 @ www.kopibali.com

康乐夜市（Pasar Malam Kereneng）

在热闹的夜市上，街头小摊提供来自印度尼西亚各地的美食。🏠 Jl. Kamboja ¥¥

购物

除了现代化的购物商场外，这里还有一些有趣的市场：最大的是巴塘市场（Pasar Badung 🏠 加查马达大街），那里从早上5:00就开始售卖

巴厘岛

新鲜食品。河的另一边是昆巴沙利市场（Pasar Kumbasari），是商人售卖手工艺品和纪念品的地方。尽管物品丰富，但不适合胆小的人去的是鸟市（Pasar Burung 🏠 Jl. Veteran），市场上还有小动物和昆虫出售。

库塔/勒吉安

（Kuta/Legian）（折页 H-J7）在20世纪60年代嬉皮士和冲浪者发现这里长达数千米的、拥有巨大海浪的沙滩之前，库塔只不过是一个未铺设道路的渔村。

今天，在这个巴厘岛主要的旅游中心（10万人口），只有罂粟花巷（Poppies Lane）附近狭窄的道路还能显现古老的村庄结构。沿着海滨长廊和连接库塔和勒吉安的勒吉安大街（Jalan Legian）走，到处都挤满了汽车、摩托车和商人。数不清的酒店、餐馆和商店彼此靠得很近，与南部邻近的图班（Tuban）和北部的水明漾之间的边界几乎已经找不到了：库塔和勒吉安已经达到了增长极限。但这样一来似乎更加吸引了冲浪者和派对爱好者，他们白天享受海滩、阳光和海浪，晚上潜入夜生活中。另一方面，稍微安静的图班则为

住宿

巴厘岛莱茵海滩酒店（Inna Bali）

登巴萨最古老的国际酒店散发着殖民时期的气息，由荷兰人于1927年建成，内有餐厅和游泳池。有71间客房。🏠 Jl. Veteran 3 ¥~¥¥ 📞 03 61 22 56 81 @ www.innabali.com

问询中心

登巴萨政府旅游局（Denpasar Government Tourism Office）

🏠 Jl. Surapati 7 📞 03 61 23 45 69 @ www.balidenpasartourism.com

不仅仅是为了购买食材，穿越巴塘市场的徒步也是一次难忘的经历

巴厘岛　龙目岛　吉利群岛

家庭度假提供了一切，从游乐园到购物中心，一应俱全。

在勒吉安的一个夜总会废墟前的纪念碑上，记录了2002年和2005年的爆炸事件。两起事件共造成200多人丧生。直到今天，大型酒店和商场的安全预防措施通常都非常严格。

美食

登巴萨日落餐厅（Warung Sunset Chef Yudi）

这家餐厅的烤猪排味道很正宗，是在当地人气很高的一家店，而且分量也很足。环境优美，装修多使用木头和竹子。烤猪排有3种口味，配上牛油果汁也是不错的选择。🏠 Jalan Sunset Road, Kuta ⏰ 11:00—23:00 ¥ ¥¥-¥¥¥ 📞 08 22 47 96 60 00

比恩巷咖啡馆（Bene Lane Cafe）（折页b4）

受欢迎的运动咖啡厅提供汉堡、牛排和饮料以及现场直播电视节目。🏠 Jl. Lebak Bene, Shop 1 Legian Kelod ¥ ¥ 📞 03 61 75 98 94

茵唯餐厅（Envy）⚜ （折页a5）

时尚的海滨休闲餐厅里友好的服务员为您提供美味的意大利面、牛排、海鲜和鸡尾酒。🏠 Jl. Wana Segara 33, Tuban ¥ ¥¥-¥¥¥ 📞 03 61 75 25 27

加巴餐厅酒吧（Gabah Restaurant & Bar）⚜ （折页b5）

这家位于市中心的餐厅提供来自印度尼西亚各地的美食。🏠 Jl. Bakung Sari, Tuban ¥ ¥¥¥ 📞 03 61 75 18 64 @ www.ramayanahotel.com

科里餐厅和酒吧（Kori Restaurant & Bar）（折页b4）

库塔中部的安静绿洲：在美丽的花园里可以享受巴厘岛特色菜和国际美食。内有烟酒休息室。🏠 Poppies Lane II, Kuta ¥ ¥¥ 📞 03 61 75 86 05

夸利餐厅（Kuali Restaurant）（折页b3）

这家海滨餐厅坐落在巨大的树林中，提供丰盛的印尼本地和西式菜肴。🏠 Jl. Arjuna 99 Legian Kaja ¥ ¥-¥¥ 📞 03 01 70 02 45

玫德街头 I 和 II 餐厅（Made's Warung I and II）

总是处于爆满状态，因为这里有优质的服务并为客人提供美味的印尼菜肴。🏠 Jl. Pantai Kuta（折页b5）📞 03 61 73 21 30；🏠 Kuta und Jl. Raya Seminyak, Legian（折页b3）📞 03 61 75 52 97 ¥ ¥¥

🏅巴厘珍珠餐厅（Pearl Reataurant Bali）（折页b3）

这个高贵的花园餐厅就像匆忙赶路时偶然遇到的绿洲一样，提供精美的法式美食。记得预订！🏠 Jl. Arjuna Legian Kaja ¥ ¥¥¥ 📞 08 19 34 33 40 60

购物

亚洲工艺品（Asia Line Handicraft）（折页b3）

这里出售印度尼西亚手工艺品，

巴厘岛

库塔海滩的冲浪者不需要花很长时间等待完美的海浪

从木制面具、藤制手袋到银色花瓶。
🏠 Jl. Legian Kaja 457a, Legian Kaja

巴厘海滨走廊（Bali Beach Walk）（折页 b4）

位于海滨的别致购物中心，有当地和国际时尚服装店和食品店。🏠 Jl. Pantai Kuta, Kuta @ www.beachwalkbali.com

宾豪斯（Bin House）

印度尼西亚时装是使用传统的珍贵面料手工制作的。🏠 Discovery Shopping Mall MG30, Jl. Kartika Plaza（折页 b5）；Kuta and Made's Warung, Jl. Raya Seminyak（折页 b3）@ www.binhouse.com

酒窖之门（Cellardoor）●

在巴厘岛哈顿葡萄酒门店里，您不仅可以购买到他们自制的葡萄酒，还可以购买德维斯瑞酒厂（Dewi Sri）的烈酒，并每天参加葡萄酒品尝会。
🏠 Bypass Ngurah Rai 393 ☏ 0 36 14 72 13 77 @ www.hattenwines.com

帕吉托（Pokito）（折页 b4）

为0~10岁儿童设计的带有现代蜡染图案的创意时装。🏠 Jl. Legian 384, Kuta @ www.face book.com/pokito.bali

勒吉安冲浪世家（Rip Curl Legian Memorial）（折页 b4）

在这里有所有冲浪者都渴望的东西。🏠 Jl. Legian 62, Kuta

户外活动

在沙滩各处您都能找到理想的冲浪地和租装备的地方。在专业冲浪学校【Pro Surf School 🏠 Jl. Pantai

巴厘岛　龙目岛　吉利群岛

Kuta，Kuta（折页b4）📞 03 61 75 12 00 @ www.prosurfschool.com】有许多课程供您学习。

如果您想浮潜或深潜，则必须继续向前走，因为库塔前方的海岸线不适合潜水。许多旅行社都会安排课程，包括印度尼西亚潜水天堂【Paradise Diving Indonesia 🏠 Jl. Arjuna 6a，勒吉安（折页a3）📞 08 11 39 35 15】。

到处都有海滩按摩和温泉。巴厘岛叶子别墅度假村（Villa de Daun Resort）的达拉水疗馆【Dala Spa 🏠 Jl. Legian 123，Kuta（折页b4）📞 03 61 75 62 76】被认为是库塔最好的水疗馆之 ，但舒适水疗馆【Cozy 🏠 Jl. Blok A3，Legian（折页b3）📞 03 61 76 67 62】的效果会更好一些。巴厘岛水上乐园【Waterbom Park 🏠 Jl.Kartika Plaza（折页b5），Tuban ¥ 门票约人民币270元 ⏰ 每天9:00—18:00 @ www.waterbom-bali.com】能为全家人提供乐趣。

夜生活

库塔是一个拥有许多俱乐部的夜生活区，最大的俱乐部位于南部的勒吉安大街。阿珠那大街（Jl. Arjuna）上国际知名的美食店大部分已迁至水明漾。在布奇半岛也一直有新的俱乐部开张。

海滩漫步21号首映影院（Beachwalk XXI Premiere）🟠（折页b4）

豪华电影院，主要播放来自好莱坞和亚洲的大片儿。🏠 Beachwalk Lantai 2，Jl. Pantai Kuta，Kuta @ www.21cineplex.com/theaters

博舍会员俱乐部（Boshe Vipclub）

大多数年轻人在这里与当地DJ见面，参加卡拉OK派对。🏠 Bypass Ngurah Rai 89x ⏰ 每天13:00至次日3:00

COCO别墅（Villa Coco）（折页b3）

从勒吉安中心有豪华私人别墅的隐秘花园到海滩只需10分钟。提供游泳池和室内餐饮。有17间客房。🏠 Jl. Arjuna，Gang Villa Coco，Legian ¥ ¥¥¥ 📞 03 61 73 07 36 @ www.villacoco.com

海洋27酒吧（Ocean's 27）🌿（折页b5）

日落之后，海洋27酒吧在DJ的带领下变成时尚俱乐部。🏠 Discovery Esplanade，Jl. Kartika Plaza，Tuban ⏰ 每天10:00至次日1:00

空中花园酒馆（Sky Garden Lounge）🌿（折页b4）

在屋顶欣赏壮观景色，人群遍布数个舞池和酒吧，🟢 自助餐包括酒水。🏠 Jl. Legian 61，Kuta ⏰ 每天17:00至次日4:00

住宿

唯一勒吉安酒店（The One Legian）

酒店位于勒吉安闹市区，紧临库塔。周边繁华，交通便利，距离众多购物、餐饮和夜生活场所和海滩只有不到10分钟的步行路程。酒店干净整洁，有2个泳池，其中一个是楼顶露天泳池，楼顶还有餐吧，早餐很棒。🏠 Jl. Raya Legian 117，Legian 入

巴厘岛

住15:00—24:00，离店12:30之前 ¥¥ ☎ 08 16 57 22 11、08 15 58 20 37 58 @ https://www.theonelegian.com

阿赖耶乌布度假酒店（Alaya Resort）（折页 b5）

拥有所有舒适设施、餐厅、游泳池、健身房以及著名的达拉水疗馆分店的现代设计酒店。有116间客房。🏠 Jl. Kartika Plaza, Gang Puspa Ayu 99, Tuban ¥¥¥¥ ☎ 03 61 75 53 80 @ www.alayahotels.com

德库塔酒店（Dekuta Boutique Hotel）（折页 b4）

这家现代家庭酒店位于勒吉安海滩的第二排，有游泳池和2家餐厅。有53间客房。🏠 Jl. Pantai Kuta, Poppies Lane II ¥¥¥ ☎ 03 61 75 38 80 @ dekuta.com

库塔生态经济酒店（Kuta Ecostay）（折页 b5）

注重环保的民宿坐落在一条小巷内，重视垃圾分类和自然卫生。有16间客房。🏠 Jl. Pantai Kuta, Gang Lotring 12, Kuta ¥¥ ☎ 08 13 38 67 01 33

帕德玛度假村（Padma Resort）（折页 b3）

现代巴厘岛风格的大型五星级海滩酒店，拥有各种餐厅、酒吧、泳池和水疗馆以及运动和亲子项目。有409间客房。🏠 Jl. Padma 1, Legian ¥¥¥¥ ☎ 03 61 75 21 11 @ padmaresortlegian.com

巴厘岛波比斯酒店（Poppies Cottages I）（折页 b4）

库塔的经典之作：建在一条狭窄的小巷里、带游泳池的热带花园中的小型平房。5分钟可到达海滩。有25间客房。🏠 Poppies Lane I, Kuta ¥¥¥ ☎ 0361 75 10 59 @ www.poppiesbali.com

大马宫殿度假村（Puri Damai）（折页 a3）

带游泳池的安静酒店——所有12间房都配备自己的厨房和休息区。海滩距离酒店仅有5分钟的步行路程。🏠 Jl. Werkudura Legian Kaja ¥¥¥ ☎ 03 61 73 06 65 @ www.madeswarung.com

当地推荐 ▶ 塔那亚旅馆（Tanaya Bed & Breakfast）（折页 b3）

廉价的旅店，配有现代、干净的房间。位于中心地带。有7间客房。🏠 Jl. Legian 131, Kuta ¥¥ ☎ 03 61 75 62 76 @ www.tanaya.com

问询中心

印尼游客咨询中心（Indonesia Tourist Information）（折页 b4）

🏠 Jl. Raya Kuta 2, Kuta ☎ 03 61 76 61 81

罗威纳

（Lovina）（折页 G1-2）
布勒冷（Buleleng）的最后一任国王以英文单词"love"为这里命名。这片绵延10千米的沿海地带

巴厘岛　龙目岛　吉利群岛

一直延伸至新加拉惹的西部，包括安特伦（Anturan）、卡力布克布克（Kalibukbuk）和卡里阿萨姆（Kaliasem）3个村庄。

　　罗威纳位于火山黑沙滩上，平静的大海是游泳和浮潜的理想之地。最大的吸引力是观赏海豚：每天黎明前，数十艘小型船只载着游客驶向离岸礁石以观赏海豚，这些海豚通常在这里嬉戏。由于罗威纳地区在早期已经取得了较好的经济发展，导致现在许多酒店和海滩地区渐渐荒废并挤满了前来寻求工作的所谓的导游。另一方面，越来越多的度假胜地正在附近的山脚下兴起，它们提供健身、瑜伽和冥想课程。罗威纳是前往巴厘岛中部高地远足的理想之地。

户外活动

　　您可以在所住的酒店或斯派斯潜水（Spicedive ☎ 08 51 00 01 26 66 @ short.travel/bal8）租赁深潜和浮潜设备或预订课程。海豚观赏活动预订处遍布整个海滩，旅馆也会提供。您还可以在阿拉明斯水疗馆（Araminth Spa 🏠 Jl. Damai, Bhuanasari ☎ 0 36 23 43 57 59 @ araminthspavillas.com）学习按摩技巧。巴厘岛尼巴纳度假村（The Nibbana Bali Resort 🏠 Umeanyar, Seririt ☎ 08 11 39 77 84）或巴厘禅度假村（Zen Resort Bali 🏠 Seririt ☎ 0 36 29 35 78 @ www.zenresortbali.com）提供温泉和瑜伽课程。

美食

阿卡咖啡（Akar Cafe）🌱

　　小而精致，绿色环保：这里有美味的素食菜肴、有机产品和瑜伽课程，连装饰都是薄荷绿色的。🏠 Jl. Binaria, Kalibukbuk ¥ ¥~¥¥ ☎ 08 19 15 62 55 25

罗威纳面包房（Bakery Lovina）

　　这里有包括麦片、全麦面包、香肠和奶酪在内的早餐，还有巴厘岛北部最好的葡萄酒和比萨。🏠 Jl. Raya Lovina, Kalibukbuk ¥ ¥¥ ☎ 0 36 24 22 25

海豚先生（Mr. Dolphin）

　　受欢迎的简单海滩餐厅，提供美味的海鲜和现场音乐。🏠 Jl. Laviana, Banyualit ¥ ¥ ☎ 08 13 53 27 69 85

住宿

达迈别墅酒店（The Damai）● 🌱

　　优雅的精品酒店拥有14座时尚简易别墅，有游泳池和水疗馆，附近还有可以观赏海景的山。酒店有提供有机美食的完美餐厅。🏠 Jl. Damai, Kayuputih ¥ ¥¥¥ ☎ 0 36 24 10 08 @ thedamai.com

鸡蛋花海滩酒店（Frangipani Beach Hotel）

　　别致的精品酒店就坐落在沙滩上，俯瞰着稻田。有游泳池和餐厅。有9间客房。🏠 Jl. Kartika Kalibukbuk ¥ ¥¥ ☎ 0 81 23 82 47 79 @ www.frangipanibeachhotelbali.com

巴厘岛

哈姆萨度假村（The Hamsa Resort）

围绕着游泳池的13座别墅建在一座大花园中，位于Singsing瀑布上方的山上，可以俯瞰海景。酒店提供有机餐厅、阿育吠陀温泉、瑜伽和排毒护理。🏠 Jl. Air Terjun Sing Sing Desa Cempaga ¥ ¥¥ 📞 08 13 37 19 49 75 @ www.thehamsaresort.com

梅拉姆酒店（Hotel Melamun）

简单、整洁的酒店，有贴心的服务、漂亮的游泳池和水疗馆。步行3分钟可到海滩。有10间客房。🏠 Jl. Laviana 7, Banyualit ¥ ¥ 📞 0 36 24 15 61 @ www.melamunhotel.com

周边景点

班查尔（Banjar）（折页F2）

这个村庄位于罗威纳以西10千米处，以其温泉（🏠 Air Panas ¥ 门票5 000卢比 🕘 8:00—18:00）而闻名。不用走很远就可以到达3个带石头怪兽的游泳池。在37摄氏度的硫黄水中洗澡有较好的疗养功效。班查尔以南的四梵住阿拉马寺（Brahmavihara Arama 🕘 9:00—18:00 ¥ 入口捐赠 @ brahmaviharaarama.com）是巴厘岛最大的佛教寺院。在几层之上有一个带祷告大厅的花园，在这里您可以沉思或欣赏海景。寺院还提供多日冥想服务。

布拉坦湖（Danau Bratan）（折页H-J3）

布拉坦湖随着从新加拉惹到贝都古（Bedugul）的路延伸至罗威纳东南约20千米处。它的主要景点是17世纪建造的布拉坦湖水神庙（Pura Ulun Danu Bratan 🕘 每天7:00—19:00 ¥ 门票30 000卢比），它是最

印度尼西亚式疗养：沐浴在班查尔的硫黄温泉中

巴厘岛 龙目岛 吉利群岛

只有穿过小路才能到达的田园生活:坦布林根湖的岸边

重要的寺庙之一和最受欢迎的拍照地点之一。这个拥有11级神殿的寺庙坐落于一座小岛上,位于一个美丽的花园后面,是当地人献给海上女神的。巴厘岛人在这里通过形式多样的仪式来为他们的田地求水。

在湖附近有各种各样的旅店和游乐园:在康迪库宁(Candikuning),您可以参观1.54平方千米的植物园(Botanical Garden Kebun Raya Eka Karya 每天7:00—18:00 门票7 000卢比,乘车费12 000卢比)和巴厘岛树顶探险公园(Bali Treetop Adventure Park 每天8:30—18:00 门票约人民币150元)。在湖的北边是巴厘岛广济堂乡村俱乐部(Bali Handara Kosaido Country Club @ www.balihandarakosaido.com),那里有酒店、水疗馆和一个18洞的高尔夫球场。

布扬湖和坦布林根湖(Danau Buyan and Danan Tambingan)★ (折页H2)

布扬湖和坦布林根湖周围的地区被称为巴厘岛的沃土,这里曾经形成了一个人型火山口湖。在北部,湖岸旁的道路经过咖啡种植园;在南岸,人们可以步行到位于山区森林、果园、稻田和烟草地之间美丽的村庄姆杜克(Munduk,位于罗威纳以南25千米处)。姆杜克以东2千米处的一条小径通往姆杜克瀑布(Munduk Waterfall)。如果想更长时间地享受自然,请前往普里伦布别墅酒店(Puri

巴厘岛

Lumbung Cottages ¥ ¥¥ 📞 03 61 43 70 71 @ www.Purilumbung.com），这是一个屡获殊荣的生态度假村，拥有23座由古老米仓改建的别墅，可俯瞰大海。

吉尔吉特瀑布（Gitgit Waterfall）（折页 H2）

位于罗威纳东南17千米处的地方有巴厘岛最高的瀑布——落差近40米的吉尔吉特瀑布。沿着到贝都古的公路只需要走约10分钟，就能到达天然游泳池（🕐 每天8:00—17:00 ¥ 门票10 000卢比），那里有各种摊位和果树。

新加拉惹（Singaraja）（折页 H1）

罗威纳以东10千米处的老首府是巴厘岛第二大城市，拥有超过12万的居民。荷兰殖民者就是从这里开始染指巴厘岛的，旧港口和许多殖民风格建筑印证了这一点。早些时候，穆斯林和中国商人在此定居下来，今天人们仍然能看到他们留下的痕迹。

老皇宫普里阿贡宫（Puri Agung 🏠 Jl. Mayor Metra 12 🕐 每天16:00—18:00 ¥ 入口处捐赠 📞 0 36 22 29 74）由布勒冷的国王在20世纪初重建，今天它向我们展示了这个统治家族的一切，国王的后代仍在此居住。再往北200米处是布勒冷博物馆（Museum Buleleng 🏠 Jl. Veteran 23 🕐 周一至周四7:00—15:00，周五7:00—11:00 ¥ 门票10 000卢比），在这里您会了解到该地区的历史和最后一个国王的生活。斜对面是由荷兰人于1928年建造的新加拉惹历史图书馆（Gedong Kirtya Library 🏠 Jl. Veteran 20 🕐 周一到周四7:00—14:30，周五7:00—12:00 ¥ 门票20 000卢比），在那里有3 000多份古老的文献，包括写在棕榈叶上的手稿和殖民者手记。新加拉惹东部几千米处有几个令人印象深刻的寺庙：在扎卡拉卡（Jagaraga）和桑斯特（Sangsit）的死神庙通过别具一格的漫画显示了与众不同的风格。

蓝梦岛

（Nusa Lembongan）（折页 L-M 6-7）★如果您想从巴厘岛南部的喧嚣中放松一下，那么这里就是正确的地方：在沙努尔海岸以东12千米处的面积4.5千米乘2.5千米的小岛上，生活要慢得多，除了几辆货车再没有别的汽车了。

虽然度假村的数量增加了许多，但许多居民仍然以海草养殖为生。在主要村庄强古巴图（Jungubatu）有一个小诊所、一个邮局和一个自动取款机，但取款机经常罢工。在蓝梦岛，您可以参观地下房屋（🕐 每天 ¥ 门票20 000卢比）。岛上共有7座小寺庙。

西北部长长的珊瑚礁使蓝梦岛成为冲浪的热门目的地。深潜者和浮潜者会在邻近的金银岛（Nusa Ceningan）和佩尼达岛（Nusa Penida）上找到美丽的珊瑚礁。东北部有红树林的探索之旅，而南部的海湾有些《鲁滨孙漂流记》中的感觉。几乎所有的旅店都位于岛的西边，在有些旅店中可以欣赏到阿贡火山的壮丽景色。

从沙努尔去蓝梦岛是最快的（公共渡轮：🕐 每天10:30出发，

巴厘岛　龙目岛　吉利群岛

蓝梦岛独特的落日美景

90分钟 ¥ 100 000卢比；穿梭巴士：⏲ 每天10:30出发，90分钟 ¥ 140 000卢比 @ www.peramatour.com；快船：⏲ 30分钟 ¥ 175 000卢比；公共船只和私人供应商：@ lembonganfastboats.com）。从八丹开（Padang Bai）杞吉利群岛（@ gili-fastboat.com）也有船只经过。

美食

大部分的旅店都附设咖啡馆，在村里有简单的街头餐厅。人们可以在岛西南部的酒店度假村吃到更丰盛的菜肴。

沙湾上的沙滩俱乐部（The Beach Club at Sandy Bay）

岛屿东南部的小海湾非常适合下午在游泳池享用饮品或在夜晚享用浪漫晚餐（提供接送服务）。🏠 Sandy Bay ¥ ¥¥¥ ☏ 08 28 97 00 56 56 @ www.sandybaylembongan.com

蓝角酒吧（Blue Corner Bar）

酒吧是同名潜水中心与生态度假村的一部分，由天然材料建成，提供小吃和玛格丽特酒。这里用植物代替混凝土墙保护海滩免受海浪侵蚀。提供废品回收服务。🏠 Blue Corner Beach，强古巴图北部 ¥ ¥ ☏ 08 19 16 23 10 54

巴厘岛

户外活动

在强古巴图前有3个受欢迎的冲浪地点。这里也能满足喜爱海景的游客，有许多美景供其欣赏。所有住宿均会组织前往更远的海滩的游泳和浮潜之旅。金银岛和佩尼达岛周围的深潜和浮潜活动非常棒。课程由世界潜水（World Diving 🏠 Pondok Baruna, Jungutbatu 📞 0 81 23 90 06 86 @ www.world-diving.com）和 🐟大鱼（Big Fish 🏠 Secret Garden, Jungutbatu 📞 08 13 53 13 68 61 @ www.bigfishdiving.com）提供，大鱼是一家支持保护珊瑚礁的公司。瑜伽小屋（Yoga Shack 🏠 Secret Garden, Jungutbatu 📞 08 13 53 13 68 61 @ www.yogashacklembongan.com）邀请您在竹屋的瑜伽课程中放松身心。要探索这个岛，最好在您的住处租用自行车或摩托车。

海滩

在强古巴图，泳客和冲浪者与海草养殖者和渔民共享海滩和鱼。在南部的椰子海滩（Coconut Beach），有一条陡峭的小径通过岩石到蘑菇湾（Mushroom Bay），乘船也很方便。可以通过蓝梦岛村庄崎岖不平的道路抵达罗望子湾（Tamarind Bay）、沙湾（Sandy Bay）。

住宿

卡斯塔威酒店（Castaway）

这座装饰高雅的别墅度假村距离海滩仅有200米。提供游泳池、按摩和餐饮服务。有5座别墅和8间套房。🏠 Mushroom Bay ¥ ¥¥ 📞 08 22 36 90 18 56

印第安纳肯安伽（Indiana Kenanga）

这家豪华的精品酒店拥有精致的游泳池和水疗中心，以及出色的法式美食。有8间客房。🏠 Jungutbatu ¥ ¥¥¥ 📞 03 66 55 93 71 @ www.indiana-kenanga-villas.com

庞多克巴鲁那（Pondok Baruna）

岛上最古老的酒店之一，房间简单、干净，有游泳池和潜水课程，以及很棒的海滩餐厅和不错的服务。有22间客房。🏠 Jungutbatu ¥ ¥ 📞 08 12 3 94 09 92 @ www.world-diving.com

周边景点

佩尼达岛和金银岛（Nusa Penida and Nusa Ceningan）（折页 L-N 6-8）

很少有游客留在附近较大的佩尼达岛上过夜，但它很受深潜和浮潜者的欢迎。这座岛以前是关押囚犯的地方。现在，大部分的居民是穆斯林。大多数巴厘岛人都避开这座岛屿，因为传说中邪恶巨人杰罗·杰德·麦克林（Jero Gede Mecaling）住在这里。来自巴厘岛的船只每年会有一两次在寺庙纪念日为托亚帕克（Toyapakeh）的培那塔兰死神庙（Pura Dalem Penataran Ped）带来祭品，以安抚恶魔。在加隆安节（Galungan），有一场于加卡兰沙里（Goa Karangsari）的大游行，这是在主要城镇沙姆巴兰（Sampalan）以南10千米处的一个巨大洞穴。致力于保护野生动植物及其自然栖息地的 🌱国家公园基金会之友（Friend of the National Park

巴厘岛　龙目岛　吉利群岛

Foundation）在鸟类保护区设有一个游客中心（¥¥ ☎ 0828 97 60 86 96 @ www.fnpf.org）和一个简易的志愿者服务站。从蓝梦岛乘公共渡轮或包船可前往托亚帕克。

在蓝梦岛和佩尼达岛之间是小型的金银岛，可以徒步穿越蓝梦岛的一座狭窄的桥梁，或骑自行车或轻型摩托车前往。直到2009年，第一家咖啡馆和度假村才在这里营业。**海盗沙滩俱乐部**（Le Pirate Beach Club，有10座别墅 ¥¥ ☎ 03 61 48 72 40 @ lepirate.com/nusaceningan）带餐厅。步行到南端的蓝色潟湖（Blue Lagoon），可以欣赏到壮观的海景。

八丹拜

（Padang Bai）（折页 M5）**对于大多数旅客来说，渔村八丹拜（约20 000人）只是通往龙目岛或吉利群岛的中转站。**

毫无疑问，这里主要的海湾被渡轮码头占据了，但也有客人在这里度过整个假期。这主要是由于这里有闲适的氛围、便宜的住宿和很多潜水机会：在南部海域的若干珊瑚礁和南部的佩尼达岛（Penida）以及金银岛，您都可以与多彩的海底世界相遇。

美食

臭氧咖啡厅（Ozone Cafe）

作为一个受旅客和当地人欢迎的"老字号"，这里提供清凉的饮料，还有比萨饼和现场音乐。🏠 Jl. Segara ¥ ☎ 0 36 34 15 01

托皮客栈（Topi Inn）

舒适的咖啡厅供应早餐麦片和自制蛋糕、晚上提供巴厘岛自助餐和海鲜，还有阅读和玩耍的区域。🏠 Jl. Silayukti99 ¥¥ ☎ 0 36 34 14 24 @ www.topiinn.nl

户外活动

八丹拜是整个巴厘岛最重要的潜水之旅出发地之一。许多公司提供课程，值得推荐的是沃克斯潜水（Water Worx 🏠 Jl. Silayukti ☎ 0 36 34 12 20 @ www.waterworxbali.com）。帕克鲁鲁（Pak Lulu ☎ 08 13 37 76 80 77）用传统的小船组织钓鱼旅行。

海滩

八丹拜的主要海滩更适合欣赏渡轮和潜水船，而不是游泳。适宜游泳和浮潜的蓝色潟湖海滩位于主海滩以东的山丘的另一侧，另外还有小海滩（Bias Tugal）——通常被称为白沙滩（White Sand Beach），可在15分钟内通过渡轮码头以西的山丘上的小径抵达（小心：这里有高压电）。

住宿

布洛潟湖村（Bloo Lagoon Village）

适合家庭的生态度假村就在蓝色潟湖海滩的上方，有宽敞的别墅、游泳池、水疗馆和一家生态餐厅。有24座别墅。¥ ¥¥¥ ☎ 0 36 34 12 11 @ www.bloolagoon.com

巴厘岛

德威别墅（Dewi Villa）

这是性价比高、非常干净、带游泳池的旅行住处，入口在酒店前的山坡上。友好的工作人员还提供班车服务。有10间客房。🏠 Jl. Raya Padangbai ¥¥ 📞 08 13 38 62 97 77

OK潜水者度假村（OK Divers Resort）

度假村是别致的殖民风格，有游泳池、温泉和一个非常受欢迎的餐厅酒吧。有30间客房。🏠 Jl. Silayukti 6 ¥¥ 📞 0 81 13 85 88 25 @ www.okdiversresort.com

周边景点

蝙蝠洞寺（Pura Goa Lawah）（折页M5）

蝙蝠洞寺位于八丹拜以西5千米处，是巴厘岛最神圣的6个寺庙之一。黄昏时分，挤满了蝙蝠的洞穴里传来震耳欲聋的嗡嗡声，寺庙上覆盖着一层厚厚的蝙蝠粪便。🕐 每天8:00—18:00 ¥ 门票15 000卢比。

克隆孔（Klungkurg）/瑟马拉普拉（Semara Pura）（折页L5）

这个有着5 000个居民的城镇曾经是巴厘岛第一位印度教国王的居住地。15世纪，穆斯林占领爪哇，强大的满者伯夷（Majapahit）王国的王位继承人不得不逃离，他来到克隆孔附近的吉尔吉尔定居，并成为巴厘岛的统治者。1710年吉尔吉尔王朝迁都克隆孔。如今只剩一个宫殿大门、司法亭（Kerta Gosa）的老法院大厅以及在司法亭可以看到的浮亭（Bale Kembang，意为"漂浮的凉亭"），见证了克隆孔宫（Taman Gili 🕐 每天

从司法亭一隅眺望克隆孔的浮亭

巴厘岛 龙目岛 吉利群岛

潜水员为大家揭开巴厘岛西北海岸海底世界的神秘面纱

话和传说的场景以及巴厘岛人在以前时代的日常生活。

1908年,皇宫的其他部分在荷兰人入侵时被摧毁。在院子前面的普普坦死难者纪念碑纪念了当时整个法院为了避免被殖民化而进行仪式性自杀这一事件。赛马拉加雅博物馆(Semarajaya Museum)属于克隆孔宫,历史以及直到今天的日常生活都被记录在这里。

2010年,艺术家尼奥曼·昆纳沙(Nyoman Gunarsa)在克隆孔以西3千米左右处开设了以他的名字命名的博物馆(🏠 Petigaan Banda 1, Takmung ⓒ 每天9:00—17:00 ¥ 门票25 000卢布),这是巴厘岛最大的艺术博物馆之一。

佩姆德兰

(Pemuteran)(折页 C2)这个巴厘岛西北端的渔村位于西巴厘岛国家公园(Taman Nasional Bali Barat)的边缘,已成为深受浮潜、深潜和自然爱好者喜爱的目的地。

在宁静的海滩上,有许多高档度假村提供全方位服务:几乎每家酒店都有餐厅、水疗馆、自己的潜水学校并会组织前往国家公园的旅游活动。在村里有一些更便宜的寄宿家庭。佩姆德兰成功地建造起世界上最大的人造珊瑚礁项目,村民、酒店业主和科学家一起为之付出了努力。遇上珊瑚礁水上活动(Reef Seen Aquatics 📞 03 62 9 30 01 @ www.reefseen.com)处也经营一个海龟站。

8:00—18:00 ¥ 门票12 000卢布)从前的辉煌。司法亭华丽的哇扬戏风格的天花板绘画令人印象深刻:在描绘天堂般的快乐和地狱般的惩罚之后,这里有了法律。较大的浮亭最后成为法院的候审大厅。壁画描绘了来自神

巴厘岛

美食

当地锦囊 巴厘岛平衡咖啡（Cafe Bali Balance）

这里供应自制全麦面包和美味的蛋糕、新鲜果汁以及沙拉。收益将用于支持当地的学校教育。🏠 Jl. Raya Singaraja Gilimanuk, Banyupoh ¥ ¥ 📞 08 53 37 45 54 54 @ www.bali-balance.com

住宿

阳光海滩度假村（Matahari Beach Resort）

豪华的酒店大楼坐落在美丽的海滩上，设有屡获好评的餐厅、一流的水疗馆、游泳池和各种休闲设施。这家酒店资助着一些有利于村里儿童和老年人的社会项目。有32间客房。¥ ¥¥¥ 📞 03 62 9 23 12 @ www.matahari-beach-resort.com

当地锦囊 孟姜干酒店（The Menjangan）

这个生态度假村掩映在红树林和丛林之间，有一个游泳池、水疗馆和全景餐厅。酒店以天然材料建成并与环境完美协调，提供优质的旅游服务。有23间客房。🏠 Jl. Raya Gilimanuk Singaraja, 17 km, Desa Pejarakan ¥ ¥¥¥ 📞 0 36 29 47 00 @ www.themenjangan.com

纱丽海滩茅屋度假村（Pondok Sari Beach Resort）

带荷花池的花园围绕着35间带露天浴池的平房，这里的水以环保方式处理。有餐厅、游泳池、水疗馆，提供多语授课的潜水课程。¥ ¥¥ 📞 0 36 29 47 38 @ www.pondoksari.com

苏卡萨瑞酒店（Sukasari Homestay）

家庭经营的简易别墅大楼，距离海滩有3分钟路程，有菜式正宗的餐厅和美丽的花园。有6间客房。¥ ¥ 📞 08 13 38 26 28 29 @ sukasaripemuteran.com

周边景点

孟姜干岛（Pulau Menjangan）★（折页 B1）

这个位于国家公园西北角无人居住的岛屿被认为是巴厘岛最好的潜水区，这里有各种各样的珊瑚和鱼。陡峭的礁石和沉船等待着有能力的潜水者。由于珊瑚保护政策，即使在海滩附近，深潜初学者和浮潜者也要付费。据说在这个岛上有巴厘岛历史最悠久、保存最完善的寺庙吉利肯卡纳（Pura Gili Kencana），其历史可以追溯到14世纪，当时爪哇满者伯夷帝国仍然占据了今天印度尼西亚的大部分地区。

普拉基阿贡寺（Pura Agung Pulaki）（折页 C2）

这座佩姆德兰以西5千米处的海岸神庙，悬崖和丛林为其充当背景，让人联想起16世纪爪哇印度教徒尼拉萨（Nirartha）到达巴厘岛时的场景。寺庙于1983年重建。普拉基阿贡寺周围还有3座寺庙，居住在那里的猴群臭名远扬。🕐 每天8:00—18:00 ¥ 捐赠入场。

巴厘岛　龙目岛　吉利群岛

西巴厘岛国家公园（Taman Nasional Bali Barat）（折页 A-F 2-4）

跨越25千米、覆盖面积超过190平方千米的西巴厘岛国家公园，从西北部的珊瑚礁穿过红树林和干旱地区一直延伸到火山山麓的山林。在这里生活着160种不同的、非常稀有的鸟类，以及猴子、野生水牛、小型鹿、蜥蜴和蛇。如果您只是想在主路上开车或想在沙滩上浮潜，您可以自己行动。而开吉普车自驾、乘坐游船或徒步旅行（¥门票200 000卢布），您必须由国家认证的导游带领。大部分徒步旅行都是在拉布汉拉朗（Labuhan Lalang）的游客中心开始的，那里有船只前往希美干岛。

沙努尔

（Sanur）（折页 J-K 6-7）沙努尔（约40 000人）是库塔一个非常安静的地方，特别适合家庭度假。

海水很浅、很平静，孩子们可以在水面上嬉闹，您只能在海水涨潮时才能游泳。一条沿着海滩铺就的小路，将海滩酒吧和咖啡馆相连。在它后面的是酒店大楼郁郁葱葱的花园和蔚蓝的游泳池。在北部有巴厘岛唯一的摩天大楼，如今芮那巴厘岛海滩大酒店（Inna Grand Bali Beach Hotel）就位于这里。酒店建成后，政府开始禁止进一步的高楼建筑施工。许多不错的商店和很好的餐馆坐落在长长的坦布林根湖大街（Jl. Danau Tambingan）。北部壮观的沙努尔风筝节每年6月和7月吸引着众多游客，沙努尔村庆也将在8月举行，其中包括艺术市场、传统表演、音乐和水上活动。

景点

勒迈耶博物馆（Museum Le Mayeur）

被称为"印度尼西亚高更"的比利时画家阿德里安珍·让·马耶尔（Adrien Jean Le Mayeur）从1932年直到1958年去世前不久都居住在巴厘岛。这个位于他故居中的博物馆展示了他的作品，其中有很多他的妻子舞蹈家尼·波洛克（Ni Pollock）的画像。博物馆商店出售手工艺品。🏠在Jl.Hang Tuah附近的海滩小径上 🕐周一至周六9:00—15:00 ¥门票20 000卢布

美食

巴图吉姆巴咖啡馆（Cafe Batu Jimbar）🌱

在简单的氛围中，您可以品尝到新鲜果汁、自制蛋糕和素食菜肴，每周日提供有机食物。🏠Jl.Lake Tamblingan 75A ¥¥¥ 📞03 61 28 73 74

里斯托兰特马西莫餐厅（Ristorante Massimo）

这里的招牌是经典意大利菜，有非常棒的比萨、开胃小菜和意大利面，以及完美的服务。🏠Jl. Danau Tamblingan 206 ¥¥¥ 📞03 61 28 89 42

普雷吉娜（Pregina）

简朴但装饰高雅的小餐馆，巴厘岛的菜肴美味且便宜。🏠Jl.Danau Tamblingan 106 ¥¥ 📞03 61 28 33 53

巴厘岛

瓦鲁三台（Warung Santai）
这个亲切的小酒馆提供3种米饭、美味的包子、沙拉和蛋糕。 Jl. Danau Tandakan 9, Sindhu ¥ 03 61 27 13 90

购物

整个海滩小路上都是纪念品商店。

印度尼西亚公平交易论坛（Forum Fair Trade Indonesia）
根据公平交易标准交易的手工艺品、再生产品和当地有机食品。 Jl. Bypass Ngurah Rai Sanur Kaja @ forumfairtrade indonesia.org

曼尼克有机产品（Manik Organik）
在这里，您可以购买有机食品、天然化妆品、回收袋以及冥想和瑜伽辅助工具。此外，环保组织会在这里举办早餐会。 Jl. Danau Tamblingan 85 @ www.manikorganikbali.com

巴厘岛诺戈纺织店（Nogo Bali）
这里有根据客户要求制作的手织棉织物制成的衣服、装饰和配件，以及传统的伊卡布。 Jl. Danau Tamblingan 104 @ www.nogobali.com

苏亚尔缇艺术大师（Suarti Maestro）
巴厘岛的"银皇后"苏亚尔缇形容她的首饰是基于古代样式的"可穿戴艺术"。 Jl. Nusa Indah 88 @ suarti.com

户外活动

大多数巴厘岛南部的旅馆都提供钓鱼或浮潜项目。沙努尔附近的冲浪点并不像岛屿西侧的那么壮观。

沙努尔的棕榈海滩为度假提供了极佳条件

巴厘岛 龙目岛 吉利群岛

水晶潜水者（Crystal Divers 🏠 Jl. Danau Tamblingan168 📞 03 61 28 67 37 @ www.crystal-divers.com）提供优质的潜水课程。网球场大多属于大型酒店，茵那巴厘岛海滩大酒店（Inna Grand Bali Beach Hotel 🏠 Jl. Hang Tuah Sanur @ www.innagrandbalibeach.com）甚至可以提供9洞高尔夫球场。在丹戎沙丽酒店（Tandjung Sari Hotel 🏠 Jl. Danau Tamblingan41 📞 03 61 28 65 95 @ www.jamutraditionalspa.com）提供放松项目🌱传统贾穆水疗（Jamu Traditional Spa）和当地自然的产品。在🌱今日绿洲之力竹制工作室（Power of Now Oasis 🏠 Jl. Retro Beach Mercure Resort 📞 08 13 38 01 50 32 @ powerofnowoasis.com）中，您可以参加瑜伽课程和冥想。

夜生活

较大的酒店拥有别致的鸡尾酒酒吧，许多海滩咖啡厅提供现场音乐表演。

竞技场酒馆和酒吧（Arena Pub & Bar）

住在巴厘岛的外国人非常喜欢这家提供现场体育直播、周三晚间智力问答、周五现场音乐表演和有台球服务的德国—奥地利餐厅酒吧。🏠 Bypass Ngurah Rai 115 🕐 12:00至次日1:00

卡萨布兰卡（Casablanca）

在这个受欢迎的酒吧里，当地乐队每天晚上演奏到21:00，您可

沙滩宝贝在沙努尔海滩的阴凉下

巴厘岛

以品尝到各种鸡尾酒。🏠 Jl. Danau Tamblingan 120 🕐 每天11:00至次日1:00

塔卡酒吧（Tks Bar）

这个小酒吧有精彩的主题派对、亚洲风味美食饮料和国际化的DJ。🏠 Jl. Danau Toba 11 🕐 每天16:00至次日3:00

住宿

当地锦囊 闪回（Flashback's）

这里有雅致的小植物、美丽的别墅、套房小游泳池和咖啡馆，步行5分钟即到海滩。有9间客房。🏠 Jl. Danau Tamblingan 106 ¥ ¥~¥¥ ☎ 03 61 28 16 82 @ www.flashbacks-chb.com

当地锦囊 科洛尼房子（Kolonial Hause）

一个非常漂亮的具有殖民地时期风格的宾馆，拥有一个大型游泳池。位置安静、距离默塔萨里（Mertasari）海滩仅有200米。🏠 Jl. Sekar Waru 20 ¥ ¥ ☎ 03 61 9 38 12 39 @ www.kolonial house.com

克卢普巴厘岛度假村（Klumpu Bali Resort）

8间带有厨房的房间围绕在游泳池周围，旅客可以在热带花园内享受水疗，这一切真是太迷人了！骑着自行车（客人可用）5分钟即可到达海滩。🏠 Jl. Kesari 16b ¥ ¥¥ ☎ 0 81 12 03 04 02 @ www.klumpu.com

普里桑特里安（Puri Santrian）

这座舒适的高层酒店有私人海滩和海滩俱乐部、游泳池、水疗中心和非常好的餐厅。有182间客房。🏠 Jl. Pantai Sanur ¥ ¥¥~¥¥¥ ☎ 03 61 28 80 09 @ www.santrian.com/puri

丹戎沙丽（Tandjung Sari）

怀旧别墅的装饰复杂华丽，是20世纪60年代巴厘岛第一家海滩酒店。有游泳池、水疗馆、餐厅和阅读室。有26间客房。🏠 Jl. Danau Tamblingan 41 ¥ ¥¥¥ ☎ 03 61 28 84 41 @ www.tandjungsarihotel.com

禅宗别墅（The Zen Villas）

这里有自己的餐厅和一个私人游泳池，以及11座豪华度假别墅。🏠 Jl. Kesari 2 No.3 B, Sanur ¥ ¥¥¥ ☎ 03 61 28 61 29 @ www.thezenvillas.com

周边景点

巴厘岛野生动物与海洋公园（Bali Safari & Marine Park）（折页K6）

这座沙努尔东北部23千米处的热门公园拥有50多种濒危生物，包括白虎、科莫多巨蜥和苏门答腊象等。游客需乘坐卡车穿行符合国际标准的开放式动物园。这里还有水上乐园、餐厅和酒店。🏠 Jl. Bypass Dr. Ida Bagus Mantra, 19.8km, Gianyar 🕐 每天9:00—17:00 ¥ 门票约人民币270元起 @ www.balisafarimarinepark.com

贝诺（Benoa）（折页J7）

荷兰殖民者建造的贝诺港口位于沙努尔南部，是巴厘岛最重要的港口。货船在这里靠岸，在印度尼西亚所有地区运行的佩尔尼（Pelni，译者注：印尼最大的国际船运公司）客运船也在这里停泊。这里还有到蓝梦岛

巴厘岛　龙目岛　吉利群岛

和吉利群岛的快艇。

塞兰冈岛（Pulau Serangan）（折页 J7）

岛的名字来源于曾经在这里下蛋的海龟。在世界自然基金会（WWF）支持下的 ● 海龟保护和教育中心（Turtle Conservation and Education Center 🕐 每天8:00—17:00 ¥ 募集捐款）可以见到一些濒危动物，它们在这里被保护起来，因为猎杀行为虽被禁止，但仍屡见不鲜。这个小岛南部是僻静的棕榈海滩，北部是颇不起眼的神庙萨肯南（Pura Sakenan）。当举行重要的仪式时，集会的人来到这里，让海神平静下来。该岛通过一座桥连接到沙努尔南部的红树林带，白努亚湾也提供乘船游览服务。

水明漾

（Seminyak）（折页 H7）

★ 当库塔还是一个村庄、离登巴萨很远的时候，富人和勤劳的人在水明漾的稻田里建起了他们整洁的别墅。

水明漾（8 000常住人口）的北部与登巴萨的克罗柏坎（Kerobokan）和苍古（Canggu）连接，而之前的步道阿朱那街（Jl. Arjuna）形成了与勒吉安的边界。在前往奥珥瑞酒店（Hotel Oberoi）的卡余阿亚（Kayu Aya）海滩路上，餐厅和精品店鳞次栉比。尽管如此，水明漾与库塔和勒吉安完全不同——在这里一切都更有趣、更独特也更昂贵。海滩和波浪如库塔的一样美丽，海滩酒吧闪耀着最新的设计。与此同时，建筑热潮早已席卷邻近的佩特坦戈特（Petitenget）、巴图拜里戈（Batubelig）和冲浪者的天堂苍古。在这里仍可以在稻田中寻找到空地，海滩也有足够空间，可以沿着泥地骑行。

美食

比库（Biku） 当地佳肴

摆放着古董家具的茶馆中有一个小书店，配有蛋糕自助餐，适合温馨的下午。菜肴均采用有机食材烹制而成。🏠 Jl. Raya Petitenget 88, Kerobokan ¥ ¥¥ 📞 03 61 8 57 08 88 @ www.bikubali.com

吉卜赛鱼（Gipsy Fish） 当地佳肴

精致而干净的餐厅，菜单上有很多精选的鱼类菜肴。🏠 Jl. Raya Seminyak 17, Bali Bintang Supermarket Square ¥ ¥~¥¥ 📞 0 85 63 71 80 47

拉卢西奥拉（La Lucciola）

这个两层楼的餐厅凉风习习，提供早午餐，有精美的意大利美食。🏠 Jl. Pura Telaga Waja, Petitenget ¥ ¥¥¥ 📞 03 61 73 08 38

马马桑（Mamasan）

这里有20世纪20年代风格的餐厅和休息室，备受赞誉的厨师威尔·梅里克（Will Meyrick）提供精美的亚洲菜。🏠 Jl. Raya Kerobokan 135, Kero-bokan ¥ ¥¥¥ 📞 03 61 73 94 36 @ www.mamasanbali.com

梅拉普蒂（Merahputih）

在高雅的氛围中品尝印尼美食。🏠 Jl. Petitenget 100x,

've # 巴厘岛

Kerobokan ¥¥~¥¥¥ 03 61 8 46 59 50 @ www.merahputihbali.com

购物

回归地球（Down to Earth）
一家带有咖啡厅和餐厅的素食有机超市，并且提供送货服务。 Jl. Laksmana 99 @ www.downtoearthbali.com

杰米（Jemme）
英国设计师卢克·史托克利（Luke Stockley）的珠宝店，部分设计受到巴厘岛风格的启发，附属的餐厅提供精致的美食。 Jl. Raya Petitenget 28, Kerobokan @ www.jemmebali.com

尼勒赫·杰兰蒂克（Niluh Djelantik）
著名的巴厘岛风格鞋子设计师开的店铺，许多名人曾在这里购物。 Jl.Raya Kerobokan 144, Kerobokan @ www.niluhdjelantik.com

水明漾购物中心（Seminyak Village Shopping Mall）
现代化的购物中心，拥有大量的食物和时尚品牌，海滩和冲浪用品的选择也很多。 Jl. Kayu Jati 8 @ www.seminyakvillage.com

户外活动

就像库塔一样，水明漾几乎所有的事情都是关于海滩和冲浪的。您可以在巴厘岛绿色冲浪学校（Bali Green Surf School Jl. Drupadi 2 08 19 99 41 22 @ www.baligreensurf.net）学习冲浪课程。

在您结束一天的密集行程之后，有许多健康的休闲设施供您使用。 当地推荐 东方花园玛塔缇拉水疗馆（Eastern Garden Martha Tilaar

书籍/电影

《地球之舞》（Earth Dance）：在小说中，奥卡·鲁斯米尼（Oka Rusmini）讲述了三代女性在巴厘岛的种姓制度下是如何相爱、生活和遭受苦难的。（2007）

《巴厘岛的爱与死》（Love and Death in Bali）：维基·鲍姆（Vicki Baum）用一篇虚构的爱情故事刻画了1906年的仪式性自杀事件。（2007）

《巴厘巴厘》：作者郭平赴巴厘岛30余次，记录下了这座小岛的风土人情，同时提供了一些实用信息。（2011）

《天堂里的牛仔》（Cowboys in Paradise）：导演阿米特·维尔马尼（Amit Virmani）揭露了对年轻外国女游客过分热情的男孩背后的真相。（2010）

《美食、祈祷和恋爱》（Eat, Pray, Love）：在伊丽莎白·基尔伯特（Elizabeth Gilbert）的同名自传畅销后，由朱莉亚·罗伯茨（Julia Roberts）担当女主角的好莱坞同名电影在巴厘岛拍摄。（2010）

巴厘岛 龙目岛 吉利群岛

Spa 🏠 Jl. Camplung Tanduk 5a 📞 03 61 73 16 48 @ www.marthatilaarspa.com）提供各种东方理疗服务。壮观的 ● 普拉纳水疗馆（Prana Spa 🏠 Jl. Kunti 118x 📞 03 61 73 08 40 @ pranaspabali.com）经过了1 001天的装修，这里有精致的护理和瑜伽：从阿育吠陀到巴厘岛草药磨砂和反射疗法再到土耳其蒸汽浴室。便宜一点的是有着地中海氛围的纤体坊（Bodyworks 🏠 Jl. Kayu Jati 2, Petitenget 📞 03 61 73 33 17 @ www.bodyworksbali.com）的水疗项目，还有大量的按摩以及身体护理的项目可供选择。

在苍吉的北边，您可以在沙滩上骑马穿过美丽的稻田。【小岛骑马（Island Horse Riding）📞 03 61 8 46 96 16 @ www.baliislandhorse.com】

夜生活

胡武酒吧（Hu'u）

一家设在游泳池边的别致餐厅酒吧，氛围浪漫，还有国际乐队和DJ。🏠 Jl. Laksmana, Petitenget ⏰ 周日到次周四11:00至次日1:00，周五到周六11:30至次日3:00

时尚地下俱乐部（Jenja Bali）

一家未来主义风格酒吧，有美味的鸡尾酒和国际DJ。同名餐厅供应来自中东的美味佳肴。🏠 Townsquare Suites, Jl. Nakula 18 ⏰ 周三至周六营业至4:00

库德塔（Ku Dé Ta）

位于海滩上奥拜瑞酒店（Oberoi Hotel）的特设休息室，提供澳大利亚

在水明漾的海滩酒吧，热带的夜晚很长

巴厘岛

别具一格的母神庙神龛

风味美食、优质鸡尾酒和清凉音乐。
🏠 Jl. Kayu Aya 9 🕐 每天营业至24:00

蛋头先生（Potato Head）

别致的多层海滩俱乐部，设计独特，有巨大的泳池酒吧、2家著名的餐厅以及国际乐队。🏠 Jl.Petitenget 51b 🕐 每天11:00—14:00

单一纯麦威士忌俱乐部（Single Malt Bar）

每晚您都可以有不一样的体验：爵士钢琴曲、女士之夜或时髦的DJ。这里还有巴厘岛最多的威士忌品种。
🏠 IZE Hotel，Jl. Kayu Aya 🕐 每天营业至次日1:00 @ short.travel/bal9

住宿

布鲁巴布别墅（Villa Blubambu）

别致的民宿坐落在美丽的花园里，设有两个游泳池，提供水疗服务。有4间客房。🏠 Jl. Abimanyu Gang Melon ¥ ¥¥¥ 📞 03 61 73 21 91 @ www.villablubambu.com

德萨塞尼酒店（Desa Seni）

被稻田包围的生态度假村与仿古木平房，有游泳池、温泉和生态餐厅，提供艺术和瑜伽课。10分钟到海滩。有12间客房。
🏠 Jl. Subak Sari 13 Pantai Berawa，Canggu ¥ ¥¥~¥¥¥ 📞 03 61 8 44 63 92 @ www.desaseni.com

露娜2公寓酒店（Luna2 Studiotel）

20世纪60年代流行艺术设计风格的超现代海滩酒店，设有餐厅、酒吧、游泳池、水疗馆、私家酒窖和私人电影院。有14间客房。🏠 Jl. Sarinande 22 ¥ ¥¥¥ 📞 03 61 73 04 02 @ www.luna2.com

巴厘岛　龙目岛　吉利群岛

当地精选 ▶ 静谧居生态宾馆（Serenity Eco Guesthause）👽

像家一样亲切的招待所，遵循环保理念，实施可持续农业，有美丽的游泳池和瑜伽馆。有5间客房，6个床位。🏠 Jl. Nelayan, Canggu ¥ ¥ 📞 0 36 18 46 92 57 @ serenityecoguesthouse.com

托尼别墅度假村（Tony's Villas & Resort）

隐藏的现代巴厘岛风格海滨酒店大楼，设有餐厅、酒吧、游泳池、水疗馆。有40间客房，22间平房，9座泳池别墅。🏠 Jl. Petitenget, Kerobokan ¥ ¥¥ 📞 0 36 14 73 89 17 @ www.balitonys.com

周边景点

巴厘岛鸟类公园（Bali Bird Park）（折页J6）

在水明漾东北约25千米处的鸟类公园中，有250种不同的珍奇鸟类。还有一个爬行动物园，有蛇、蜥蜴和科莫多巨蜥。🏠 Jl. Serma Cok Ngurah Gambir Singapadu, Batubulan 🕐 9:00—17:30 ¥ 门票约人民币230元 @ www.balibirdpark.com

巴图卡鲁火山（Gunung Batukaru）★（折页G-H 3-4）

这是巴厘岛第二高的火山（海拔2 276米），被称为岛上的米仓。🌿南侧是贾蒂卢维（Jatiluwih）水稻梯田，您可以从这里俯瞰海景。西侧（距水明漾约50千米）是巴图卡鲁寺（🕐 每天6:00—18:00 ¥ 门票20 000卢比），神庙海拔825米，是6座最神圣的寺庙之一。这座隐藏在森林中的迷人而复杂的建筑，作为塔巴南（Tabanan）宫廷的祖庙，其起源可以追溯到11世纪。据说一位来自爪哇的印度教神职人员建立了这个圣所，是布拉坦湖布扬湖和坦布林根湖灵魂的圣地。一座7层神殿专门供奉山神玛哈德瓦。今天，该圣所被视为塔巴南宫廷的一座祖庙。如果您想探索这座山，您可以在 👽 **当地精选 ▶ 巴厘岛沙瑞布娜生态旅馆**（Sarinbuana Eco-Lodge，有5间客房 ¥ ¥¥ 📞 08 28 97 00 60 79 @ www.balitonys.com）入住。

孟格威（Mengwi）（折页J5）

1634年，孟格威国王在这里建造母神庙（Pura Taman Ayun），将其作为家庭避难所。这个巴厘岛第二大寺庙建筑群位于水明漾以北25千米处一座美丽的花园中，周围被开满荷花的护城河环绕着。水神庙是复杂的苏巴克体系（Subak）的核心，这种传统的稻田灌溉系统既合理，又环保可持续，巴厘岛的稻田均以此系统灌溉。一座桥通向寺庙的大门。人们只有在重要的仪式上才能进入3座宫殿的最里面，但在外墙您也可以看到神殿。🕐 8:00—17:00 ¥ 门票15 000卢比。

内加拉（Negara）（折页C3-4）

珍布拉娜（Jembrana，80 000人口，水明漾西约100千米处）的首府内加拉位于巴厘岛人口最稀少地区，主要因为在旱季举行的水牛赛跑比赛（Mekepung）而闻名。除梅迪维海滩（Medewi）外，该地区的旅游基础设施很少，这对冲浪来说是一个有利条件。

巴厘岛

> **从这里出发**
>
> 乌布宫前的路口：这里是乌布的中心，有市场和官方旅游信息处。沿猴林路向南走，会经过很多精品店和咖啡馆。向西边沿乌布拉雅路（Jl.Ubud Raya）走100米便是卢克珊美术馆（Puri Lukisan），再走800米便是布兰科博物馆（Blanco Museum），再向前走1 000米便是内卡艺术博物馆（Neka Art Museum）。

海神庙（Pura Tanah Lot）（折页H6）

当太阳从风景如画的海神庙（水明漾西北15千米处）后方落下时，成百上千的人按下相机快门——巴厘岛上没有其他地方如此受欢迎。相应的，商人和导游的人数也很多，从而使得参观者从停车场走到寺庙所在的岩石变得很困难。实际上，那些清晨前来的人才可以好好享受这里的美景。据说在岩石下的洞穴中，有神圣的海蛇守护着圣殿。 ⏰ 7:00—19:00 💰门票30 000卢比

塔巴南（Tabanan）（折页H5）

在水明漾西北35千米处的小镇塔巴南上，有一个苏巴克博物馆（Subak Museum ⏰ 8:00—17:00 💰门票15 000卢比），那里展示了巴厘岛上的水稻是如何种植和灌溉的。塔巴南以北6千米处是蝴蝶公园（Butterfly Park ⏰ 每天8:00—17:00 💰门票85 000卢比），数百种美丽的蝴蝶在那里飞舞。

乌布

（Ubud）（折页J-K5）★**乌布是巴厘岛的文化和精神中心（70 000居民），位于水田和美丽的峡谷之间。早在8世纪，一位佛教僧人就宣告此地为佛教圣地。**

19世纪，苏卡瓦提（Sukawati）王朝的一个分支在乌布定居并建造了一座宫殿。20世纪30年代，Cokorda Gede Agung Sukawati王子与德国人沃尔特·史毕斯（Walter Spies）和荷兰人鲁道夫·邦尼特（Rudolf Bonnet）一起创办了著名的皮塔玛哈艺术学校（Pita Maha School of Painting），并

火山

印度尼西亚有128座活火山，其中65座被认为具有爆发的可能性。超过17 000个岛屿排列在"太平洋火山带"上，3个地壳板块相互碰撞经常导致地震的发生。1963年，巴厘岛最高的山——3 142米的阿贡火山爆发，造成数千人死亡。较小的巴图尔火山（Gunung Batur）仍然活跃。龙目岛上的林贾尼火山海拔3 726米，是印尼第二高的火山，在其最近的一次爆发中没有人员伤亡。

巴厘岛　龙目岛　吉利群岛

由此向西方艺术家和知识分子敞开大门，直到今天这对当地艺术界也具有重要意义。如今，人们重视精神层面，巴厘岛上到处都提供瑜伽和冥想课程，同时，有机食品也越来越流行。每年举办一次的巴厘岛灵修节（Bali Spirit Festival @ www.balispiritfestival.com）把乌布变成了一个遍布舞蹈和音乐的国际瑜伽营。

今天，乌布包括从邻村坎波安（Campuan）到特贝萨亚（Tebesaya）之间的地带。在长长的猴林路（Jl.Monkey Forest）旁挤满了商店、餐馆和酒店，尽管道路狭窄，但交通系统却像大城市一样完备。不远处有绿油油的稻田、湍急的河流和郁郁葱葱的森林，自然爱好者的心会在此沉醉。

景点

阿贡拉伊艺术博物馆（Agung Rai Museum of Art）

这个环绕公园的博物馆，陈列了巴厘岛艺术家史毕斯（Spies）、邦尼特（Bonnet）、勒迈耶（Le Mayeur）和著名爪哇画家阿法迪（Affandi）的作品。这里也有不错的咖啡厅和●课程。🏠 Jl.Pengosekan ⓒ 每天9:00—18:00 ¥ 门票80 000卢比 @ www.armabali.com

布兰科博物馆（Blanco Museum）

1999年去世的画家安东尼奥·布兰科（Antonio Blanco）的古怪形象可以在他的私人庄园中看到。和布兰科的作品一样，欧洲和巴厘岛的元素也融入了他家的建筑和家具中。🏠 Jl. Raya Campuan，在桥的后

阿贡拉伊艺术博物馆不仅展示艺术，还创作新作品

面 🕘 9:00—17:00 ¥ 门票80 000卢比 @ www.blancomuseum.com

画廊 ●

科玛内卡画廊（Komaneka Gallery 🏠 Monkey Forest Road @ gallery.komaneka.com）和托尼拉卡美术馆（Tony Raka Art Gallery 🏠 Jl. Raya Mas @ www.tonyrakaartgallery.com）主要展示来自巴厘岛和爪哇的现代艺术。可以在加雅融合（Gaya Fusion 🏠 Jl. Raya Sayan @ www.gayafusion.com）和斯卡画廊（Sika Gallery 🏠 Jl.Raya Campuan @ www.sikagallery.com）购买印度尼西亚和国际当代艺术品。

猴林（Monkey Forest）

在一片神圣的森林中居住着大约300只长尾猴，这些猴子经常吃游客投喂的食物。在这里可以找到3座寺庙：1座沐浴寺，1座火葬寺（Pura Prajapati）以及更大的由7位巫婆人像守卫的达利姆阿贡寺（Pura Dalem Agung）。在庭院的大门上摆放着1只被蛇缠绕的巨大石龟。🕘 每天8:30—18:00 ¥ 门票40 000卢比 @ www.monkeyforestubud.com

内卡艺术博物馆（Neka Art Museum）

艺术赞助者苏地加内卡（Suteja Neka）的收藏为现代巴厘艺术提供了一个很好的概览——这里有荷兰人鲁道夫·邦尼特和阿里·史密特（Arie Smit）的作品。🏠 Jl.Raya Campuan Kedewatan 🕘 周一至周六9:00—17:00，周日12:00—17:00 ¥ 门票75 000卢比 @ www.museumneka.com

卢克珊美术馆（Puri Lukisan）

一座桥引领人们到达从1953年起对外开放的"绘画宫殿"外郁郁葱葱的绿色公园。同青年艺术家鲁道夫·邦尼特与沃尔特·史毕斯建立的皮塔玛哈艺术学校一样，几座建筑物展现了旧哇扬风格，除了这些外，还有当代巴厘岛艺术家的作品，包括著名的古斯提·尼奥曼·兰帕德（Gusti Nyoman Lempad）。🏠 Jl. Raya Ubud 🕘 每天9:00—18:00 ¥ 门票85 000卢比 @ www.museumpurilukisan.com

除了猴子之外，猴林里还有115种树木

巴厘岛　龙目岛　吉利群岛

乌布宫（Puri Saren）

在城市的中心十字路口矗立着乌布宫，今天，最后一位国王的后裔仍然居住在那里。精心打理的花园中有几座19世纪建成的精美的建筑物可供参观。晚上，主庭院常常举办舞蹈表演活动。🕐 8:00—18:00，每天19:30表演 ¥ 门票免费，舞蹈80 000卢比

美食

脏鸭餐厅（乌布总店）（Bebek Bengil）

乌布老牌的特色餐厅，坐落在一片稻田之间，环境非常雅致。这里的招牌菜是巴厘岛传统菜肴脏鸭餐，鸭子烤成棕色，鸭肉紧嫩酥脆，是来到巴厘岛必吃的美食。🏠 Jalan Hanoman, Padang Tegal, Ubud 🕐 10:00—22:30 ¥ ¥¥~¥¥¥ 📞 03 61 97 54 89、03 61 97 76 75 @ www.bebekbengil.co.id

庞迪-庞迪烧烤与亚洲菜（Pundi-Pundi Grill & Asian Cuisine）

餐厅位于猴林附近，内部环境十分优美，特色是脏鸭餐和烤猪排饭。烤猪排饭分量很大，骨松肉烂，酱汁符合中国人口味。海鲜饭、草莓汁和芒果汁、印尼炒饭味道也不错，分量都非常大，性价比极高。🏠 Jl. Pengosekan, Ubud 🕐 08:00—23:00 ¥ ¥¥ 📞 03 61 97 06 44 @ www.pundiubudbali.com

魔力（Alchemy）

这里的生食不仅仅是为素食主义者准备的，包括品种丰富的沙拉、果汁和甜点。🏠 Jl. Penestanan Kelod 75，布兰科博物馆后面 ¥ ¥¥ 📞 03 61 97 19 81

巴厘精神咖啡（Kafe @ Balispirit）

这家生态咖啡厅提供丰盛的早餐、美味的蛋糕、沙拉和瑜伽课程。咖啡厅用回收材料制成各种设施。🏠 Jl.Hanoman 44 B ¥ ¥~¥¥ 📞 0 36 14 79 20 78

热锅街头餐馆（Melting Wok Warung）

在朴素的氛围中，一对来自法兰克福的夫妇用东南亚美味佳肴来满足您。🏠 Jl. Gootama 13 ¥ ¥~¥¥ 📞 0 36 19 29 97 16

莫赛克（Mozaic）

这是巴厘岛最好的餐厅之一。厨师克里斯·萨拉恩斯（Chris Salans）以前在纽约工作，每晚都会产生许多关于美食的想法。🏠 Jl. Raya Sanggingan, Campuan ¥ ¥¥¥ 📞 03 61 97 57 68

布达戈马里亚萨里有机餐厅（Sari Organik Bodag Maliah）

餐厅位于在萨里有机农场（Sari Organik Farm）的稻田中，供应新鲜的果汁和清爽的沙拉。从市中心出发到此需要20分钟，提供接送服务。🏠 Subak Sok Wayah ¥ ¥~¥¥ 📞 03 61 97 20 87

当地推荐 赛曼咖啡工作室（Seniman Coffee Studio）

这里品种多样的自家烘焙咖啡一直提供到晚上。这里有当地最好的早餐菜单，与之搭配的是咖啡师课程和他们家自己设计的产品。🏠 Jl.

Sriwedari 5 ¥~¥¥ 08 12 36 07 66 40

图马克（Tut Mak）
一家受欢迎的餐厅，提供地中海菜肴、美味的特色午餐和精品咖啡。 Jl. Dewi Sita（足球场附近） ¥¥ 03 61 97 57 54

购物

乌布不乏精品店和纪念品店。在乌布市场（Pasar Ubud Jl. Raya Ubud和Jl.Monkey Forest交叉口），您每天都可以买到各种东西，从食物到纪念品应有尽有。砍价技巧是必要的。周六，有机农贸市场将在巴古斯比萨（Pizza Bagus Jl. Raya Pengosekan 10:00—14:00）前搭建。

乌布周围有许多手工艺村庄：玛斯村以木雕而闻名，佩内斯塔南以绘画作品而闻名，佩里尔坦（Peliatan）以皮影而闻名。在更远的巴杜布兰（Batubulan），最好的石匠在那里工作。在苏鲁村，您可以买到便宜的银器。

巴厘布达（Bali Buda）
拥有自己的面包店、咖啡厅和送货服务的热门有机食品商店，商店支持着不少社会项目。 Jl. Jembawan 1 @ www.balibuda.com

当地精选 自我商店（Ego Shop）
斯卡画廊的一家小商店出售年轻艺术家原创的商品，经济实惠，包括用玻璃制造的烟灰缸和纸制的吊坠。 Jl. Raya Campuan

创意手工银饰工作坊（Studio Perak）
原创银质首饰价格合理，卖

乌布家禽市场上出售活禽

巴厘岛　龙目岛　吉利群岛

家也会教您如何护理银饰。🏠 Jl. Hanoman和Jl. Monkey Forest @ www.studioperak.com

生命之绪（Threads of Life）

通过公平交易高质量的传统面料来回馈制作它们的女性。在印度尼西亚不同地区都保留着这种制作技术。🏠 Jl. Kajeng24 @ www.threadsoflife.com

户外活动

乌布是远足者的理想之地。稻田漫步和骑自行车旅行由巴厘岛巴达亚旅行社（Bali Budaya Tours 📞 03 61 97 55 57 @ www.baliecocycling.com）组织。与鸟类学家维克托·梅森（Victor Mason）来一次"与鸟同行"（📞 03 61 97 50 09 @ www.balibirdwalk.com）是令人难以置信的。在药草间散步（📞 0 81 23 81 60 24 @ baliherbalwalk.com）也是非常有趣的。

可以通过以下活动体验"乌布式健康"：桑拿（Sang Spa 🏠 Jl. Jembawan 13b和Jl. Monkeyforest 📞 03 61 97 65 00）提供低价多样的温泉理疗，塔克苏（Taksu 🏠 Gootama Selatan 35 📞 03 61 97 14 90 @ www.taksuspa.com）提供丛林体验活动。瑜伽和冥想课程到处都有，特别值得推荐的是瑜伽谷仓（Yoga Barn 🏠 Jl. Pengosekan Padangtegal 📞 03 61 97 12 36 @ www.theyogabarn.com）或较小的瑜伽和冥想中心白莲花（White Lotus 🏠 Jl. Kajeng 23 📞 0 89 90 13 49 62 @ whitelotusyogameditation.wordpress.com），在这里，您可以在完全没有压力的情况下度过一个瑜伽假期。● 阿贡拉伊艺术博物馆（P.72 📞 03 61 97 66 59）或者巴厘精神（🏠 Jl. Hanoman 📞 03 61 97 09 92 @ www.balispirit.com）提供有趣的巴厘岛舞蹈、甘美兰或工艺品课程。每天晚上都会有乌布舞蹈和音乐表演，这些项目的详细信息可以从乌布游客咨询中心获得。

夜生活

CP度假村（CP Lounge）

这里有一个餐厅、露天酒吧和迪斯科舞厅。在这里可以在彩色追光灯下跳舞直至天亮。🏠 Jl. Monkey Forest ⏰ 每天11:00至次日4:00

笑佛吧（Laughing Buddha Bar）

这里有充满异域情调的鸡尾酒、现场乐队和绝佳的氛围。🏠 Jl.Monkey Forest（Cafe Wayan对面）⏰ 每天9:00—24:00

XL世沙酒廊（XL Shisha Lounge）

用水烟和中东风格的饮品来放松身心，从19:30开始有现场音乐表演。🏠 Jl. Monkey Forest 129（足球场后面）⏰ 每天11:00—3:00

住宿

阿拉姆茵达酒店（Alam Indah）

在巴厘岛风格的明亮客房可欣赏沃河峡谷（Wo River Valley）的美景。提供游泳池、水疗馆和宁静的花园。有10间客房。🍴 Nyuhkuning ¥ ¥¥ 📞 03 61 97 46 29 @ www.alamindahbali.com

巴厘岛

柑橘树别墅（Citrus Tree Villas）
16间装饰简约的现代客房和一座私人别墅，距离市中心有15分钟路程。有游泳池和早餐服务。🏠 Jl. Sriwedari 14　¥~¥¥　📞 03 61 97 11 45　@ www.citrustreevillas.com

古慈旅馆（Guci Guesthouse）
安静的艺术家寄宿家庭拥有5间大型平房，分布在美丽的花园中，半独立式住宅为入住家庭提供厨房。主人非常友好。🏠 Jl. Raya Pengosekan　¥　📞 03 61 97 59 75　@ www.gucibali.com

卡坚尼酒店（Kajane）
豪华、设计精美的别墅度假村设有游泳池、自然温泉浴场和有机餐厅，位于市中心。有40间客房，8座别墅。🏠 Jl. Monkey Forest　¥ ¥¥~¥¥¥　📞 03 61 97 28 77　@ www.kajane.com

肯纳甘精品酒店（Kenanga Boutique Hotel）
设计别致的酒店，享有乌布外的稻田美景。设有餐厅、巨大的游泳池和使用自制天然产品的水疗中心。有21间客房。🏠 Jl. Lungsiakan　¥ ¥¥¥　📞 03 61 89 68 97 00　@ www.kenangaubud.com

科图特度假村（Ketut's Place）
这是一个家庭酒店，拥有延伸到峡谷的美丽花园、游泳池和水疗馆。若有需求，房主可以提供美味的巴厘岛自助餐。有17间客房。🏠 Jl. Suweta 40　¥ ¥~¥¥　📞 0361 97 53 04　@ www.ketutsplace.com

当地特产 ▶ 培卡图别墅（Villa Pecatu）
在稻田旁边有5间现代化公寓，

只有科图特度假村的客人才可以享受这种田园生活

巴厘岛 龙目岛 吉利群岛

巴图尔火山雄伟的山峰前，火山口湖旁的日常生活

每间都有一个大露台和厨房。共享泳池。主人非常热心。🏠 Jl. Pengosekan（Panorama Hotel对面）¥ ¥¥ 📞 0 81 23 91 90 87 ✉ villapecatu@hotmail.com

缇伽姆普温泉酒店（Tjampuhan Hotel）

您可以从瓦尔特·史毕斯住过的房间俯瞰峡谷。这座传统而优雅的酒店包括两个游泳池、一个豪华的水疗馆和一个高级餐厅。在瓦尔特·史毕斯的房中有画家的原创作品。有67间客房。🏠 Jl. Raya Campuan ¥ ¥¥¥ 📞 03 61 97 53 68 @ www.tjampuhan-bali.com

问询中心

乌布游客咨询中心（Ubud Tourist Information）

🏠 Jl. Raya Ubud （乌布宫对面）

📞 03 61 97 32 85

周边景点

象窟（Goa Gajah）🌿（折页 K5）

走过陡峭的台阶就到达乌布东南2千米处、于9世纪建造的象窟。通过一个"恶魔"的嘴进入，象窟内部有一个甘尼萨神的雕像，它的一半身体为人类，另一半为大象。荷兰人于1923年来到这个洞穴，大约30年后，清澈的泉水和它前面的两个长方形浴池被重新发现。为了避开旅行团，您要尽可能早来。⏰ 每天 8.00－17:00 ¥ 门票15 000卢比

巴图尔火山（Gunung Batur）⭐ 🌿（折页 L2-3）

要看巴图尔火山（海拔1 717米，乌布东北45千米处）的山顶日出就意味着要早早起床，在黑暗中花

巴厘岛

大约2小时,沿着岩石路向上爬。但这是值得的:整个的火山景观壮丽到令人吃惊。许多组织会提供各种路线和旅游优惠,如巴厘布达雅旅行社(Bali Budaya Tours ☏ 03 61 97 55 57 @ www.baliecocycling.com)。

🌿 佩尼洛坎(Penelokan,乌布以北大约30千米处)的景观不那么叫人紧张,但同样令人印象深刻。巴图尔湖(Danau Batur)长达8千米,是巴厘岛最大的湖泊,占火山口边缘500米以内面积的1/3。巴图尔湖女神庙(Pura Ulun Danu Batur)被用来供奉海上女神,并在1926年地震后从北岸迁至更高的地方。

在湖的东边是巴厘岛阿伽村庄图扬(Trunyan),可以从村庄葛蒂山(Kedisan)乘船抵达。那里的居民不会埋葬死去的人,而是将他们装进竹套放在墓地里。当地人对陌生人很警惕,因此建议您带上一个被当地人认可的导游。

卡威山(Gunung Kawi)🌿(折页K4)

岩石阶梯通向乌布以北20千米处的肥沃山谷。这里有9座7米高的石雕神龛,据猜测是11世纪建造的,并且其后面就是阿纳克·翁苏(Anak Wungsu)国王和他家人的坟墓。据传说,巨兽可布伊瓦(Kebo Iwa)把他们从岩石中刮了出来。1/10的雕像在河的另一边,那里还有一座前佛教寺院。⏰ 8:00—17:00 💴 门票15 000卢比

佩京(Pejeng)(折页K5)

在乌布以东3千米处旧城佩京的中心坐落着位于巴厘岛正中部的世界中心之寺,这是6座最神圣的寺庙之一,年轻夫妇来此为下一代祈祷。再往后300米,培那塔兰萨席寺(Pura Penataran Sasih)拥有世界上最大的铜鼓"佩京的月亮"(Moon of Pejing),它也是印尼青铜时代最重要的发现。在附近的雕塑建筑考古博物馆(Gedurg Arca Museum Arkeologi ⏰ 周一至周五 8:00—16:00 💴 门票免费)里陈列的都是2 000多年前的古物,博物馆斜对面是科935艾丹寺(Pura Kebo Edan),其以60米高的湿婆雕像而闻名。国王的后裔现在在佩京旧宫经营一家蜡染工厂——==BISA有机蜡染==(BISA Organic Batik ☏ 08 13 37 33 09 44)和田园般的==生态农场==(Biofarm 🏠 Kebun Setaman Pejeng ☏ 08 13 29 31 97 77),提供文化课程。

圣泉寺(Tirta Empul)(折页K4)

1 000多年来,巴厘岛人一直都在向神圣的泉水(乌布以北25千米处)进行朝圣,印度教神明因陀罗(Indra)赋予了它神奇的力量。在寺庙群中部,从一个凿刻的喷口喷出的清澈泉水涌入主池,再往下是两个较小的池。⏰ 每天8:00—17:00 💴 门票15 000卢比

耶普鲁浮雕(Yeh Pulu)(折页K5)

一条沿着小溪的小径通向乌布以东2千米处神圣泉水旁的岩石浮雕。人们在1925年发现了这个建于14世纪的浮雕,但是其含义仍然令人困惑。⏰ 每天8:00—17:00 💴 门票15 000卢比

上图：西努沙登加拉

龙目岛

　　长久以来，龙目岛的光芒都被旁边的巴厘岛所掩盖。但是时至今日，作为印度尼西亚群岛中最多姿多彩的岛屿，它吸引了越来越多游客的目光：伊斯兰教和印度教、现代与传统、热带雨林和南岛草原都在此地汇聚。

　　林贵尼火山山脉占据了龙目岛（Lombok在印尼语中意为"辣椒"）的半边天地。肥沃的梯田、棕榈林以及栖息着种类丰富的野生动物的森林在陡峭的山坡上铺展开来。巨大的火山湖是龙目岛的穆斯林原住民萨萨克族人和巴厘岛印度教教徒的圣地，也是游客主要的观光景点。在贫瘠的岛屿南部，一处丘陵草原前方的礁石之间，有美丽如画的海湾和珊瑚礁，为冲浪和潜水提供了绝佳的条件。由于华莱士线（Wallace Line，译注：动物地理区划中东洋区同澳洲区的分界线）的存在，这座面积达4 725平方千米的大岛拥有极为丰富的生物多样性。龙目岛和巴厘岛之间的海沟宽40千米，最深可达3 000米。千百年以来，东南亚和南部诸岛的动植物在此混杂繁衍。

　　龙目岛比巴厘岛更加自然，却也更加荒凉。岛上的约350万居民主要靠农业为生，迄今为止，只有岛屿的西部和南部因旅游业得以开发。萨萨克族人都是虔诚的穆斯林，他们推崇谦虚的品德，并严格禁酒，居住在旅

多彩之岛：树木繁茂的自然风光和多元文化的碰撞使龙目岛成为独具魅力的旅游胜地。

游区之外的穆斯林更是如此。尤其在东部地区，村庄中常有规模巨大的清真寺。尽管这里盛行的是伊斯兰教，却能见到印度教"万物有灵"的信仰，这种情况在岛屿北部的维图特鲁教（Wetu Telu，意为"3次"）信徒身上尤为显著，他们将自己视为龙目岛上第一批传教士的后裔。他们白天只祈祷3次，斋月中斋戒的时间也仅有3天。由于害怕遭受歧视，只有少数信徒公开承认自己的信仰。西部地区居住着一支信仰印度教的少数民族，他们是巴厘岛曾经的统治者的后代。这群统治者曾在17世纪占领了龙目岛，19世纪末又遭到荷兰人的驱逐。首府马塔兰（Mataram）周围的几座寺庙和宫殿便是这个时代的见证。

龙目岛一直是鲜有人知的旅游胜地。但是自从库塔以北数千米处的国际机场建成，新一批游客潮席卷了这座岛屿，政府的"走遍龙目岛—松巴哇岛"（Visit Lombok Sumbawa）项目也为其助力不少。

由于圣吉吉（Senggigi）一带的

巴厘岛　龙目岛　吉利群岛

在龙目岛山区依然能够找到未受旅游业影响的村庄

海岸已经得到了充分的建设，投资者现在将目光转向了岛屿的南部——在库塔和格鲁普克（Gerupuk）之间的地带，以曼达利卡度假区项目（Mandalika Resort Project）吸引游客。这座巨大的高端度假公园中建有五星级酒店和度假别墅。第一批度假村已于2018年开放。尽管如此，拥有壮观的山脉、数不尽的海湾和诸多不知名小岛的龙目岛依旧是探险者的天堂。

库塔

（Kuta）（折页R9）龙目岛南岸的这座小渔村——不同于巴厘岛上的同名地——是一个相当宁静的地方。黎明时分，捕蟹人带着渔网开始一天的工作，他们的灯笼使整个海湾笼罩在浪漫的光辉之中，这时的库塔尤其美丽。

从前，在村民的倡议之下，狭长海滩上的所有咖啡厅和商店都要将最佳观景位置让出，这样海滩就可以对所有人开放。现在所有的酒店和餐厅都排列在主路两侧。时至今日，对背包客和冲浪爱好者来说，这条街是探索壮观的★龙目岛南岸的理想起点：沿岸的街道在原始的丘陵和粗糙的礁石上蜿蜒前行，使得美妙的海湾和寂寥的海滩徐徐展现在眼前。

除了轻型摩托和出租车，路上偶尔还能看到赶着水牛车的农夫，他们之中有些人住在传统的萨萨克村庄，比如南部的蓝比丹（Rambitan）和萨德（Sade）。2月或3月的满月时，村民会来到库塔的海滩上一同庆祝海虫节（Bau Nyale）。他们在珊瑚之间捕捉种海虫，用来烤着吃。这是一种象征生育的仪式。

美食

库塔及其周边的大多数旅馆都带有咖啡厅或餐厅。

阿施塔里（Ashtari）●❋

氛围轻松的人气餐厅，位于库

龙目岛

塔西侧的丘陵之上,在这里可以欣赏到海湾的绝美景色。🏠 Jl. Raya Kuta-Mawun ⏰ 每天 ¥ ¥¥-¥¥¥ 📞 08 77 65 49 76 25

古拉的花园酒吧（Gula's Garden Bar）

适合浪漫主义者,可以在僻静的花园中享受纯正的西餐和亲切的服务。🏠 Jl.Pariwisata（Kuta Cave Hotel）¥ ¥~¥¥ 📞 0 37 06 15 80 80

珍品角落（Nuggets Corner）

这家风雅的亚弄店（warung,译者注：印度尼西亚一种由家庭经营的餐厅或咖啡厅）不仅有丰富的印尼菜品供您选择,还有素食菜单和多种美味果汁。🏠 Jl. Raya Kuta/Jl. Mawun 转角处 ¥ ¥ 📞 08 78 65 46 15 05

户外活动

最著名的潜水港湾有西部的玛威（Mawi）以及东部的格鲁普克和安湾（Tanjung Aan）。龙目岛潜水学校（Lombok School of Surf 🏠 Jl.Pantai Kuta 📞 08 12 39 32 19 15 @ www.lobokschoolofsurfing.com）也负责组织游客前往稍远一些的潜水点,提供装备、课程和旅行项目。发现潜水者团队（Discovery Divers 🏠 Jl. Raya Kuta 📞 08 12 52 19 92 72 @ www.discoverydiverslombok.com）针对龙目岛南部鲜为人知、风景绝美的潜水点,提供潜水课程和旅行项目。

海滩

库塔的海滩上有林荫道和许多当地的活动,却不是很适合进行海水浴。在库塔以西10千米处弧形的海滩马温（Mawun）,沙滩则是另一番景象。如果沿着街道继续向西走,就会经过浅水海滩玛威来到 当地精彩▶塞隆贝拉纳克（Selong Belanak）。日落时分,这里的礁石风光相当震撼。如果想要多欣赏一会儿美景,可以选择在☀圣皮亚克别墅（Sempiak Villas,有3座别墅 ¥ ¥ 📞 0 82 17 44 30 33 37 @ sempiakvillas.com）住宿,也可以在其附属的餐厅劳特比卢（Laut Biru）用餐。库塔以东约7千米处是安湾,这里的沙滩受到保护,是海水浴和潜泳的理想地点。再往东3千米便是潜水者最爱的格鲁普克海湾（Gerupuk Bay）。

必游景点

★ **龙目岛南岸**
风景如画的海湾,洁白的沙滩。→ P.82

★ **蓝比丹和萨德**
游览乡村,领略龙目岛原住民的生活方式。→ P.85

★ **特特巴图**
稻田、果园和瀑布之间的宁静与自然。→ P.88

★ **塞高东半岛**
诸多小岛之间的潜水天堂。→ P.89

★ **林贾尼火山**
这座巨大的火山几乎占据了岛屿一半的面积,被它迷人的风光所吸引的不仅仅是登山者。→ P.91

★ **邦尤姆雷克村和苏卡拉拉村**
这两个村庄都是著名的手工艺中心——提供丰富的购物选择。→ P.95

巴厘岛　龙目岛　吉利群岛

住宿

潜浪小屋（Bombora Bungalows）

8间太平洋风格的简易平房，位于中心地带，有不错的泳池，氛围轻松。🏠 Jl. Raya Pantai Kuta 📞 0 37 06 15 80 56 ¥¥ @ short.travel/bal10

龙目岛诺富特酒店（Novotel Lombok）

这家萨萨克风格的度假村位于村庄以东3千米处，支持各种各样的环保项目。提供2个泳池、水疗馆、餐厅、娱乐场所和一处梦幻海滩。有102间客房。🏠 Pantai Putri Nyale ¥ ¥¥¥ 📞 0 37 06 15 33 33 @ www.novotel-lombok.com

普里林贾尼别墅酒店（Puri Rinjani）

一处热带花园中朴素、干净的平房，有大型泳池，在咖啡厅里可以欣赏到沙滩的景色。有19间客房。🏠 Jl. Raya Pantai Kuta ¥¥ 📞 03 70 16 15 48 49 ✉ theinjanikutalombok@gmail.com

尤里的寄宿家庭（Yuli's Homestay）

这里有干净明亮的住宿设施，适合带孩子留宿。有8间平房，优美的花园中有2个泳池，另有1间公共厨房，距离沙滩15分钟的路程。房东亲切友善。🏠 Jl. Batu Riti ¥¥ 📞 08 19 17 10 09 83 @ www.yulishomestay.com

周边景点

埃卡斯湾（Ekas Bay）（折页S9）

龙目岛东南的埃卡斯湾旅游业不甚发达，但是这里有岛上极佳的几个潜水点。驾车从库塔出发，行驶约25千米来到渔村阿旺（Awang），

库塔的渔夫并非每天都有丰富的收获

龙目岛

再从此处乘渡船前往对岸。如果想在这里待得久一些，可以入住坐落在礁石之间的壮观生态度假村 **人间天堂**（Heaven on the Planet 🏠 17 Chalets ¥ ¥¥ 📞 0 81 23 75 11 03 @ www.sanctuaryinlombok.com）。此外还有一条不太平坦的路通向东侧。

蓝比丹和萨德（Rambitan and Sade）★（折页 R-S9）

传统的萨萨克村落蓝比丹和萨德坐落于库塔以北6千米处。村民居住的一居室房屋以黏土和木材建成，屋顶用草料覆盖。住宅之间矗立着粮仓，它们隆起又垂下来的屋顶由棕榈叶制成，是无数别墅度假区建筑参考的对象。尽管两座村庄主要面向游客进行建设，近距离体验原始的村庄生活也还是相当有趣的。请注意，不要轻信纪念品小贩和强制您消费的导游，通常来说，在村子入口处交一次钱就足够了。

马塔兰

（Mataram）（折页 Q7）龙目岛的首府是4个城市的集合体，它们现在无缝连接在一起，居民共有不到50万人。4座城市分别是：古老的港口城市安佩南（Ampenan）、弥漫着中国气息的卡克拉尼加拉（Cakranegara）、集市之城斯维塔（Sweta）和马塔兰自身——曾经的王城，如今则被政府和办公建筑占据。

几座寺庙和宫殿仍然留有过去辉煌的印记。马塔兰和卡克拉尼加拉以其商业及购物中心构成了龙目岛的商务中心。从前荷兰人建立的贸易港口安佩南今天主要为渔船所用，有一条主路从这里出发直通斯维塔。所有旅游景点都在斯维塔附近。大多数游客仅在经过的时候粗略游览这座城市，但是如果想要了解印度尼西亚典型的城镇生活，最好仔细游览一番。

景点

玛悠拉水之宫殿（Mayura Water Palace）

这座"水中楼阁"于1744年在一处荷花池中央建成。在被巴厘岛统治的时代，它被用作法院大厅；19世纪末，巴厘岛人在这里对抗荷兰人。然而这一建筑的遗迹一直没有得到维护，直至2012年才对其进行了翻修。有趣的是，它体现出了印度教和伊斯兰教建筑元素的融合，还包含了当地历史文化的意蕴。但对外行来说，只有跟随导游（入口处有标准价目表）进行参观才能理解其中的含义。🏠 Jl.

从这里出发

马塔兰购物中心（Mataram Mall）：从佩让吉克路（Ji Pejanggik）的购物中心出发，向东走200米即可到达街对面的林贾尼纺织工厂（Rinjani Weaving）。左转直行500米之后便是信德市场（Sindhu Market）。如果从纺织工厂继续直行，即可到达梅鲁寺（Pura Meru）和玛悠拉水之宫殿。可以在这里乘公交车前往斯维塔客运站（Sweta Bus Terminal）旁边的曼达利卡集市（Mandalika Markt）。

巴厘岛　龙目岛　吉利群岛

Selaparang，Cakranegara 🕐 每天7:00—18:00 ¥ 门票10 000卢比

西努沙登加拉博物馆（Museum Nusa Tenggaran Barat）●

婚礼、服装、木偶、匕首……您可以在这里了解到许多关于西努沙登加拉省（Province Nusa Tenggara Barat）的知识，龙目岛和松巴哇岛（Pulau Sumbawa）都属于该省。最好能够带上一名翻译（司机或当地导游）。🏠 Jl.Panji Tilar Negara 6，Mataram 🕐 周二至周四8:00—15:00，周五8:00—16:00，周六、周日8:00—15:30 ¥ 门票5 000卢比

梅鲁寺（Pura Meru）

1720年，一位巴厘岛王子下令建造了龙目岛上规模最大的印度教寺院，以团结岛上的居民。一条道路穿过两个前院通往中庭，这里有33个神殿。3座高度不同的"梅鲁"（meru，即宝塔）排成一列，用于祭拜印度教的主神湿婆、梵天和毗湿奴。每年10月满月时的宰牲节（Idul Adha）时，这里会变得非常拥挤。🏠 Jl. Selaparang，Cakranegara 🕐 每天8:00—17:00 ¥ 仅需捐款

美食

塔里旺伊拉玛餐厅（Lesehan Taliwang Irama）

这家餐厅因其地道的萨萨克菜在当地备受喜爱，据说这里有龙目岛上最好的塔里旺鸡。🏠 Jl. Ade Irma Suryiani，Gang Salam 6，Cakranegara ¥ ¥ 📞 03 70 62 31 63

摇滚吉利咖啡（Rock Gilis Coffee）

印尼年轻人喜爱的咖啡店，提供西式零食和比萨。🏠 Jl. Langko 23F/G ¥ ¥ 📞 03 70 64 98 22

购物

安佩南的萨利赫桑卡尔路（Jl. Saleh Sungkar）两侧有许多古董小店。在马塔兰购物中心之类的地方可以找到食品、化妆品和电子设备。斯维塔有龙目岛上最大的传统集市，就在斯维塔客运站旁边。

龙目岛震中购物中心（Lombok Epicentrum）

龙目岛上的首个购物中心，共分为4层，包括当地及国际美食和时尚品牌折扣商品，还有一家大型电影院。🏠 Jl. Sriwijaya 333 @ www.lombokepicentrum.com

---

省钱有道

乘坐达姆利（Damri）机场巴士（30 000卢比）往返于机场、马塔兰和圣吉吉之间要比乘坐出租车便宜（200 000卢比）。但是由于巴士并不准时，仅推荐您在到达时乘坐。

您可以在游览龙目岛的手工艺村时购买当地的纪念品，比市场或商店里便宜很多。

除了圣吉吉，其他地方通常只有大酒店里提供身体护理项目，并且要贵上很多。大多数旅馆可以预约私人按摩师，每小时100 000卢比起。

龙目岛

玛悠拉水之宫殿旁戴传统头饰的石质守护神

龙目岛萨萨库购物中心（Lombok Sasaku）

这里有融入现代元素的龙目岛及萨萨克文化风格T恤、提包及其他纪念品。🏠 Jl. Lembar（Kompleks Pertokoan Dasan Cermen 31 & 32）@ www.lomboksasaku.com

住宿

当地锦囊 ▶白兰花小屋（Pondok Anggrek Putih）

热带花园中一个优质、整洁的寄宿家庭旅舍，距离圣吉吉有10分钟的路程，提供优秀的烹饪课程。有4间客房。🏠 Dusun Presak, Meninting ¥ 📞 08 21 47 82 00 60

赛提卡龙目酒店（Hotel Santika Lombok）

城中最现代的商务酒店，附设餐厅、酒吧、泳池和健身房。有123间客房。🏠 Jl. Pejanggik 32, Mataram ¥ ¥¥ 📞 0 37 06 17 88 @ www.santika.com/santika-lombok

问询中心

西努沙登加拉旅游办公室（West Nusa Tenggara Tourism Office）

🏠 Jl. Singosari 2, Mataram 📞 03 70 63 17 30

周边景点

林萨庙（Pura Lingsar）（折页R7）

这座大型寺院位于卡克拉尼加拉以东7千米处，其中一座印度教寺庙和一座维图特鲁信徒的清真寺和谐地相邻而建。其主建筑群建于1714年。每当雨季开始，印度教徒与萨萨克人之间便会展开●"粽子大战"（Perang Topat），以庆祝播秧节。🕐 每天7:00—18:00 ¥ 仅需捐款

苏拉纳迪（Suranadi）（折页R7）

这座小镇距离马塔兰18千米，因其清新的空气成为备受欢迎的郊游

巴厘岛　龙目岛　吉利群岛

了解村庄居民的传统生活方式。

户外活动

大多数来到塞那鲁的游客都是来攀登林贾尼火山的。根据路线不同，旅程可能会持续3~5天，一定要在专业导游的陪同下进行。雨季攀登颇为危险，火山活跃时也同样如此。登山旅行主要由林贾尼徒步中心【Rinjani Trek Centre，分部：塞那鲁/圣吉吉/森巴伦（Sembalun）/马塔兰 📞 03 70 64 11 24 @ www.lombokrinjanitrek.org】组织，其办公室位于塞那鲁上方的国家公园入口旁。所有的专业徒步旅行主办方都在这里进行了注册，他们与国家公园和当地政府进行合作，例如约翰的冒险（John's Adventures 📞 0 81 75 78 80 18 @ www.rinjanimaster.com）。塞那鲁的大多数旅馆都愿意帮助顾客进行旅程的规划（¥ 每人约人民币2 000元，人数越多越便宜）。

住宿

大多数旅馆都带有小餐厅。

林贾尼轻房屋（Rinjani Light House）

这间高架的洁净木屋旁边的小店提供新鲜的当地美食，他们支持山地导游中的妇女组织。有4间客房，1座家庭别墅。🏠 Jl. Pariwisata Senaru，国家公园入口前 ¥ ¥ 📞 08 18 05 48 54 80 @ www.rinjanilighthouse.mm.st

林贾尼小屋（Rinjani Lodge）

优美的精品酒店，有2个泳池、餐厅及梦幻美景。有5间客房。🏠 Jl. Raya Senaru ¥ ¥¥ 📞 08 19 07 38 49 44 @ www.rinjanilodge.com

林贾尼山地花园（Rinjani Mountain Garden）

这家生态度假村在塞那鲁的山谷东侧，坐落在林贾尼火山高高的山坡上。这里有花园、泳池和各种各样的动物。在享用美味的印度尼西亚或欧式菜肴的同时，您可以欣赏到从梯田、可可种植园直到大海一带的梦幻景色，还可以进行徒步或骑马旅行。如果不想在出租帐篷里过夜，可以入住粮仓样式的6个优美别墅之一。这里采用水力发电。🏠 Teres Genit，Bayan ¥ ¥ 📞 08 18 56 97 30 ✉ rinjanigarden@hotmail.de

周边景点

巴延（Bayan）（折页S6）

巴延位于塞那鲁以北6千米处，是维图特鲁教徒的主要据点。这里矗立着岛上最古老的清真寺，清真寺有长达300年的历史，以黏土建成。巴延的居民认为自己是16世纪将伊斯兰教传入岛上的传教者的直系后裔，至今保留着混杂了印度教和伊斯兰教的传统。只需一点捐款，清真寺的守卫就很愿意讲述此地的历史。不过您还是需要一名翻译。

塞那鲁村及塞更塔（Dusun Senaru and Segenter）（折页S6）

今天的旅游胜地上仍坐落着原始村落塞那鲁：这里的人们像数百年前那样共同生活在竹屋中。这些房屋的地面是黏土制成的，如今也配备了电视和冰箱。这里的建筑风格、语言

龙目岛

和习俗都与南部的萨萨克族有很大区别。在村子入口处进行捐款,就有导游为您介绍他们传统的生活方式,他们的工作也日渐专业化了。在去往圣吉吉的路上向北走约12千米,会看到通向塞更塔的路牌,这又是一座被完整保存下来的萨萨克村庄,如今也成为旅游团喜爱的去处。

林贾尼火山(Gunung Rinjani)★
(折页 R-T 6-7)

高达3 726米的林贾尼火山是印度尼西亚第二高的火山,其雄伟的山脉覆盖了龙目岛约一半的面积。它巨大的火山口中是6千米宽的镰刀形火山湖塞加拉阿纳克湖(Segara Anak,意为"大海之子"),这里同时是萨萨克人和印度教徒的圣地。旁边则耸立着活跃的巴鲁火山(Gunung Baru),它是由母火山一次剧烈的喷发形成的。

●林贾尼国家公园(Rinjani National Park ¥门票150 000卢比)覆盖了面积超过410平方千米的茂密雨林和罕见的火山景观,是奇特的动植物的栖息地,那里有野猪、麂子、巨蜥及珍奇的鸟类、蝴蝶和珍奇的植物。从塞那鲁向上攀登的过程中会经过一些洞穴和温泉眼,根据当地传说,它们具有魔力。东边的森巴伦拉旺(Sembalun Lawang)有另一条通往国家公园的路。无论如何,不要独自攀登这20千米的路程。总是有不听劝告的游客进行这种尝试,他们中的不少人在野外迷路、受伤甚至遇难。由于选择徒步旅行的人数日益增长,现在实行了一项❷零废物计划(Zero Waste Programm),携带山上的垃圾每走1 000米,都能获得相应的奖金。

森当吉拉双瀑布和蒂乌科勒普瀑布(Sindanggila Waterfall and Tiu Kelep Waterfall)(折页 S6)

如画的森当吉拉双瀑布位于塞那鲁下方约1.5千米处,瀑布发出雷鸣般

林贾尼火山的火山口处,塞加拉阿纳克湖闪耀着青绿色的光辉

巴厘岛　龙目岛　吉利群岛

的响声，分为两阶流入山涧。主路的步行道（🏠 Restaurant Pondok Senaru旁边 ¥门票10 000卢比）建设完善，通行时间约20分钟。路上通常会有向导陪同（如入口处的牌子上所写，不需要额外付费）。如果您继续向着蒂乌科勒普瀑布攀登，就必须带一名导游。一条陡峭、湿滑的小路通往一处天然泳池，全程耗时45分钟以内。

圣吉吉

（Senggigi）（折页 Q7）位于龙目岛西部的圣吉吉曾经是一座渔村（人口约5 000），它如今涵盖了数个美丽的弧形海湾，而且依然在向外扩张。

这里有白色的沙滩，黄昏时分的沙滩上，巴厘岛雄伟的阿贡火山也清晰可见，这使得圣吉吉成为理想的度假胜地。圣吉吉地处伦巴尔港（Labuhan Lembar）、安佩南的旧机场和西北部诸岛之间，它能够成为龙目岛上最重要的旅游胜地，自然也有这优越地理位置的功劳。如果从这里出发，可以毫不费力地探索龙目岛的陆地和水域。尽管现在有各种价位的餐厅和旅馆，但与巴厘岛的热门景区相比，圣吉吉还是相当安静、舒适的。

景点

如果从安佩南向圣吉吉行驶，会经过一座小型印度教寺庙巴都博隆神庙（Pura Batu Bolong ⏰每天7:00—19:00），寺庙坐落在同名海湾的一处岩崖之上。这座寺庙供奉的是印度教的创世神梵天，寺庙中有一个属于他的空宝座。西龙目岛的印度教徒大多在满月仪式的时候来到这里。从这里到下一处岩崖巴图拉亚尔（Batu Layar）有一小段路程。岩崖上有塞耶伊德·穆罕默德·巴格达迪（Syeh Syayid Muhammad al Bagdadi）的陵墓，据说是他将伊斯兰教传到了龙目岛上。

美食

多数餐厅提供其与圣吉吉外的旅馆之间的接送服务。

阿斯玛拉餐厅（Asmara）

萨萨克特色菜、意面、牛排……这里是当地的最佳餐厅之一，风格古典，还提供儿童套餐和游戏区。🏠 Jl.

森当吉拉双瀑布从林贾尼火山的山坡上喧嚣着流入山涧

龙目岛

Raya Senggigi ¥ ¥¥ ☏ 03 70 69 36 19

▶ **椰子沙滩餐厅（Coco Beach）**

在圣吉吉北边椰林里的一家沙滩酒吧周围，有几个"贝鲁加克"（Berugak，意为"凉亭"）。这里有新鲜的饮品，搭配自家菜园种植的天然食品，是放松的理想之地。🏠 Pantai Kerandangan, Pintu 2 ¥ ¥ ☏ 0 81 75 78 00 55

德奎克餐厅（De Quake）

这家简朴的餐厅在艺术集市后方的沙滩边，提供高档的海鲜菜肴和鸡尾酒。🏠 Art Market, Jl. Raya Senggigi ¥ ¥¥ ☏ 03 70 69 36 94

四方餐厅（Square）

这或许是圣吉吉最时尚的餐厅，有一位来自巴厘岛的顶尖主厨。一层的休息室晚上会有音乐表演。🏠 Jl. Raya Senggigi, km 8 ¥ ¥¥¥ ☏ 08 77 65 29 48 66

诱惑餐厅（Temtations）

这是一家面包房、熟食店，他们的西式餐点可能是龙目岛上最好的。这里提供可口的早餐和新鲜的午餐。🏠 Jl. Palm Raja 3, Batu Bolong ¥ ¥¥ ☏ 03 70 69 34 63

购物

沙滩边一整天都有许多流动商贩。圣吉吉最北端的艺术集市（Pasar Seni）上有来自整个龙目岛的产品。您可以在圣吉吉中心区的小店里买到食品、化妆品等日常必需品。

阿斯玛拉艺术商店（Asmara Art Shop）

同名餐厅前方的这家商店售卖各种漂亮的布料和高品质的手工艺品。🏠 Jl. Raya Senggigi @ www.asmara-group.com

奥特里珍珠文化（Autore Pearl Culture）

龙目岛上最大的珍珠农场之一，所有的珍珠都有保真证书。他们也组织旅行项目。🏠 Teluk Nare @ www.pearlautore.com

户外活动

几乎所有圣吉吉的潜水活动主办方都有一间工作室。梦想潜水者（Dream Divers 🏠 Jl. Raya Senggigi kav. 15 ☏ 03 70 69 37 38 @ www.dreamdivers-lombok.com）提供多种语言的潜水课程和旅行项目。

如果想要攀登林贾尼火山，可以咨询林贾尼徒步俱乐部（Rinjani Trekking Club 🏠 Jl. Senggigi Raya, km8, Batu Layar ☏ 03 70 69 32 02 @ www.rinjanitrekclub.org）。E1旅行（E-one Tours & Travel 🏠 Jl. Raya Senggigi, 阿斯玛拉艺术商店前 ☏ 03 70 69 38 43 @ www.lomboktoursandtravel.com）组织的自驾和郊游活动是较为可靠的。

想要放松，您可以去大酒店的水浴中心，尤其推荐谢拉顿圣吉吉沙滩酒店（Sheraton Senggigi Beach 🏠 Jl. Raya Senggigi ☏ 03 70 69 33 33）的水浴中心。简朴的柠檬草水疗馆（Lemongrass Spa 🏠 Jl. Raya Senggigi ☏ 03 70 69 31 77）提供高

巴厘岛　龙目岛　吉利群岛

品质但价格实惠的按摩服务。

海滩

圣吉吉的主沙滩上遍布着小摊、流动商贩、渔船和渡船。圣吉吉沙滩酒店（Senggigi Beach Hotel）以30 000卢比的价格出租躺椅——这项服务在日落时分欣赏现场音乐时备受欢迎。阿尔贝झ咖啡厅（Café Alberto）前方的巴都博隆（Batu Bolong）是游泳的最佳地点。美丽的海滩曼斯特（Mangsit）现在已经被酒店占据，但是海滩克琉（Klui）、玛丽姆巴（Malimba）和尼帕（Nipah）依旧棕榈树密布，宁静宜人。

住宿

泉迪度假村（The Chandi）

这家精品度假村坐落在安静的巴图拉亚尔。有餐厅、沙滩酒吧、泳池和水疗馆。有15间客房。🏠 Jl. Raya Senggigi, Batu Layar ¥ ¥¥¥ 📞 03 70 69 21 98 @ www.the-chandi.com

杰瓦克琉酒店（Jeeva Klui）

这家宽敞的精品酒店呈现自然的风格，有时尚的餐厅和泳池，坐落在安静的克琉海滩上。有35间客房。🏠 Jl. Raya Klui 1 ¥ ¥¥¥ 📞 08 21 50 00 08 00 @ jeevaklui.com

基拉圣吉吉沙滩酒店（Kila Senggigi Beach Hotel）

这家气派的酒店坐落在圣吉吉最中心的沙滩上。有3家餐厅、2个酒吧、1个宽敞的泳池和种类繁多的运动器材。这家酒店附属的高档的泳池别墅俱乐部（Pool Villa Club）有16幢2层别墅，各自带有按摩浴缸和泳池。有150间客房。🏠 Jl. Pantai Senggigi ¥ ¥¥~¥¥¥ 📞 03 70 69 32 10 @ senggigibeachhotel.com

当地锦囊 贝拉妈妈的隐居（Mama Bella's Retreat）

村庄里的小小绿洲：一个优美池塘边坐落着10个芦苇顶平房，提供宾至如归的服务，距沙滩15分钟的步行路程。🏠 Jl. Arjuna Tiga 11 ¥ ¥ @ mamabellaslombokretreat.com

当地锦囊 朋卡克酒店（The Puncak）

一家亲切的精品酒店，坐落在圣吉吉上方高档别墅区"山丘"（The Hill）的最顶端，拥有绝佳的景色。有5间客房。🏠 The Hill, Batu Layar ¥ ¥¥ 📞 08 21 47 10 45 37 @ www.thepuncak.com

昆西别墅（Qunci Villas）

别致的精品酒店，有3个紧靠沙滩的泳池和水浴中心。2个优秀的餐厅提供混合亚洲和西方口味的菜肴，还有沙滩酒吧。有80间客房。🏠 Jl. Raya Mangsit ¥ ¥¥~¥¥¥ 📞 03 70 69 38 00 @ www.quncivillas.com

汤匙旅馆（Sendok Guest House）

中心地带一家令人备感亲切的经济旅馆，有小型泳池和餐厅。有18间客房。🏠 Jl. Raya Senggigi, 8km ¥ ¥ 📞 03 70 69 31 76 @ www.sendokhotellombok.com

日落小屋（Sunsethouse）

紧靠着巴都博隆的小型现代酒

龙目岛

店,有泳池和浪漫的日落酒吧。有32间客房。🏠 Jl. Raya Senggigi 66, Batu Bolong

周边景点

邦尤姆雷克村(Banyumulek)和苏卡拉拉村(Sukarara)★●(折页Q-R8)

邦尤姆雷克村距圣吉吉24千米,这里的陶器以其朴素的设计闻名,向全世界出口。如果您早晨来到这里,可以看到陶艺工人烧陶的场景。此地西南约15千米处还坐落着编织工艺村苏卡拉拉。每个屋子前面都有坐着织布的妇女,她们伸出的腿上放着织布机,所编织的布料将在村庄的集体商店中售卖。

山神殿(Gunung Pengsong)🌿(折页Q8)

这座建成于16世纪的印度教寺庙坐落在距离圣吉吉27千米处的一个丘陵上,里面有野猴居住,似乎有着神秘的力量。从此处环视四周可以看到西龙目岛绝妙的美景,天气好的时候可以望见大海和林贾尼火山。每年3月或4月的时候,人们会向这里献祭一头水牛以求得丰收。🕐 每天7:00—18:00 ¥ 门票免费,需捐款

蒂乌普普斯瀑布(Tiu Pupus Waterfall)和科塔刚加瀑布(Kerta Gangga)(折页R6)

蒂乌普普斯瀑布位于贡当(Gondang,圣吉吉北约30千米处)以南4.5千米处,从50米的高度奔流而下。尽管旱季水流量较小,但来这里散步还是值得的。继续走同样的路程来到惊人的艾尔科塔刚加瀑布(Air Terjun Kerta Gangga)——一处拥有天然泳池和洞穴的两阶瀑布。两个瀑布都可以乘汽车到达。

简朴的陶器在邦尤姆雷克村的小陶器坊中制成

吉利群岛

它们如同项链上的珍珠一般静卧在龙目岛西北岸闪耀着青绿色光辉的海洋中：艾尔岛、美诺岛和德拉娜安岛——通常合称"吉利群岛"，"吉利"意即"小岛"。

沙滩度假者和潜水者会在这里找到他们的天堂：3座小岛都被珊瑚礁围绕，人们可以穿过清澈见底的海水，直接从一望无垠的白色沙滩游向它们。在岛屿的东岸可以望见林贾尼火山的壮观景色，晚上则可以眺望巴厘岛上的阿贡火山。★沙滩上处处都有竹质凉亭，适合一边享受零食和饮料一边放松。

20世纪80年代，第一批背包客发现了遥远的无人小岛，此前只有几个来自北苏拉威西岛的渔民在这里种植了椰树。棕榈树之间的竹屋和吊床营造了一种荒岛冒险的感觉。如今，约4 000人居住在这些没有机动车的小岛上。这里的居民大多是穆斯林，不过即使是斋戒期间，度假娱乐项目也丝毫不受影响。尽管如此，作为游客还是应当遵守一些基本的法则，比如一定不要裸体游泳。

直到20世纪，由于政府的支持和大量的境外投资，这里的旅游业才兴旺起来，从巴厘岛直接来到这里成为可能。德拉娜安岛俨然已经成为一座派对岛。艾尔岛上也有越来越多的咖啡厅、酒吧和时髦的度假村，却也依然保留着一些诗意的静谧之地。美诺

上图：美诺岛

清澈透明的海水中的珊瑚礁和椰树林中竹制的小屋勾勒出一幅现代荒岛求生图景。

岛则一直坚守着避世的宁静。3座岛上的交通工具都只有马车和自行车。

想要前往岛屿前方适合浮潜和深潜的美妙的★水下世界,必须要租一条船,因为岛屿附近的珊瑚在此前的炸药捕鱼活动中遭受了严重的破坏,因此吉利生态信托公司(Gili Eco Trust)开始在人工礁石上培育新的珊瑚。小岛上的人们有很强的环保意识:为了避免产生垃圾,商铺和咖啡厅会重新填装空的水瓶。小岛上饮用水紧缺,自来水大多都非常咸。

岛上维护秩序的并非穿制服的警察,而是平民守卫。德拉娜安岛上如今已经安装了许多自动存取款机,在艾尔岛和美诺岛也可以通过自动取款机取款。只有稍大的酒店、餐厅以及大多数潜水活动主办方接受信用卡支付。由于并不能随时转账,推荐您带上足够的现金。小诊所可以提供急救服务,严重的疾病则需要尽快前往龙目岛或巴厘岛诊治。3座岛上均有移动信号和无线网。

从巴厘岛和龙目岛都可以乘船过

巴厘岛　龙目岛　吉利群岛

一次短暂的远离小岛的游船之旅让潜水者发现自己的天堂

来【从贝诺或八丹拜出发：🕐 航程1.5小时 ¥ 人民币约350元起 @ gili-fastboat.com；从圣吉吉出发的帕拉马旅行（Perama Tour）项目：🕐 航程30分钟 ¥ 150 000卢比，@ www.peramatour.com】。邦萨尔（Bangsal）与小岛之间有往返的公共渡轮和私人摩托艇。

艾尔岛

（Gili Air）（折页 s-u 4-6）如果对派对没有兴趣，但又喜欢热闹的话，艾尔岛就再合适不过了——这里是家庭旅行的热门地。

"艾尔岛"在印尼语中的意思是"水岛"，它与龙目岛相邻，约有1 500人口，比其他两座小岛上人口要多一些。这座岛上覆盖着椰树林，营业的主要是平房别墅度假村和沙滩咖啡厅，最近也有越来越多的餐厅和旅馆开张，其中大多数都可以通过环绕岛屿的沙滩步行道到达。岛屿东南部是游泳和潜水的绝佳地点。岛上购物的选择比较有限。

美食

冷静酒吧（Chill Out Bar）（折页u6）
　　从配有新鲜果汁的早餐到搭配鸡尾酒的海鲜烧烤都能在酒吧找到。酒吧位于东南海滩最繁华的地段。¥ ¥¥ 📞 03 70 62 03 70

艾尔岛桑代餐厅（Gili Air Santay）（折页 u5）
　　这是岛上一家明星餐厅，因其自制的泰式咖喱和用当地新鲜食材制成的混合果汁备受喜爱。餐厅是第一批进行垃圾回收的餐厅之一。🏠 岛东北部 ¥ ¥ 📞 08 19 64 15 99 37 82

吉利群岛

墨西哥厨房（The Mexican Kitchen）（折页t4）

煎玉米卷、鸡尾酒和萨尔萨音乐在"黄昏欢乐时光"（Sunset Happy Hours）尤其受欢迎。周末有现场音乐表演。🏠 Bintang Beach Tanjung，岛西北部 ¥~¥¥ ☎ 08 78 64 12 22 00

莫韦的酒吧（Mowie's Bar）（折页t6）

提供健康的三明治、能量饮料、素食菜品和生食，用餐时可以欣赏绝美的日落景色。🏠 岛西南部 ¥ ☎ 08 78 64 23 13 84

户外活动

大多数旅馆都会组织潜水或垂钓旅行并且出租装备。梦想潜水者（折页u6）（提供多语课程 ☎ 03 70 63 45 47 @ dreamdivers.com）、蓝色马林鱼潜水（折页u6）（Blue Marlin Dive ☎ 03 70 63 99 80 @ www.bluemarlindive.com）以及备受赞誉的曼塔潜水（折页u6）（Manta Dive ☎ 08 13 37 78 90 47 @ www.manta-dive-giliair.com）提供专业的潜水课程及行程。岛屿东侧的H2O瑜伽（折页t-u5）（H2O Yoga ☎ 08 77 61 03 88 36 @ www.h2oyogaandmeditation.com）提供瑜伽课程、冥想放松训练以及优质的按摩。

住宿

比芭沙滩度假村（Biba Beach Village）（折页u5）

色彩鲜艳的平房别墅有不错的意大利餐厅，紧挨东侧的沙滩。有10间客房。¥¥ ☎ 08 19 17 27 46 48

达迈平房别墅（Damai Bungalows）（折页u5）

4座简朴、干净的平房别墅，带有泳池和咖啡厅，在安静的东北岸一处极佳的潜水点旁。¥~¥¥ ☎ 03 70 37 36 96 15 @ damaibungalows.giliair@gmail.com

当地佳者 ▶ 马努西亚杜尼亚绿色小屋（Manusia Dunia Green Lodge）（折页t5）

这是岛屿西侧一家带优美花园的小型生态度假村。这些惹人喜爱的平房别墅都是用天然材料搭建而成的。这里提供周到的服务。有6间客房。🏠 Jl. Pantai Barat ¥¥ ☎ 08 78 64 49 02 82 @ www.manusiadunia.com

安乐别墅（Senang Villa）（折页t6）

5座现代化的平房别墅围绕着一个泳池，距离西南边的沙滩50米，尤其适合观赏日落。¥ ☎ 08 78 64 85 67 86 @ www.senang-villa.com

---

必游景点

★ **沙滩**
在狭长的白色沙滩旁的竹质凉亭中休憩。→ P.96

★ **水下世界**
珊瑚、热带鱼和海龟吸引了众多潜水者。→ P.97

★ **夜生活**
不管是在舒适的爱尔兰酒馆还是在时髦的休息室，派对爱好者都可以在德拉娜安岛狂欢到尽兴为止。→ P.101

巴厘岛 龙目岛 吉利群岛

美诺岛

（Gili Meno）（折页 s-u 1-3）
美诺岛（意为"盐岛"）给人以荒岛的感觉。它是3个小岛中最小也最安静的一个。

美诺岛的名字来自其西边的盐湖。一个半小时之内就可以步行环岛一周。较好的潜水点在岛屿的西北、东北和东南海岸。主路边的凉亭酒店（Gazebo Hotel）前方有一个小小的海龟站，提供了这种濒危的海洋生物的相关介绍。

美食

安娜小吃店（Ana's Warung）（折页 u1）

餐厅靠近岛上的最佳潜水点，提供大量的优质印尼菜。晚上有新鲜的海鲜烧烤。岛东北部 ¥¥¥ 0878 61 69 63 15

蒂亚娜咖啡厅（Diana Café）（折页 s2）

咖啡厅位于用贝壳装饰的沙滩凉亭，可以欣赏壮丽的日落美景，搭配清凉的啤酒、烤鱼和雷鬼音乐。往西走，在盐湖附近 ¥¥

玛哈玛雅度假村餐厅（Mahamaya Boutique Resort Restaurant）（折页 d1）

在属于同名度假村的这家沙滩餐厅中，您可以享用新鲜的海鲜和以有机食材制成的各国菜肴，欣赏日落的景色。盐湖北部 ¥¥¥ 0 88 87 15 58 28

户外活动

对于潜水爱好者来说，西北侧的美诺墙（Gili Meno Wand）有罕见的珊瑚、鱼类和海龟，是一个极富魅力的地方。在美诺岛上的潜水俱乐部有蓝色马林鱼潜水（折页 F2-3）（08 19 07 41 20 24 @ www.bluemarlindive.com）和神圣潜水者（折页 u2-3）（Divine Divers）08 52 40 57 07 77 @ www.divinedivers.com）。几乎所有旅馆都会组织潜水旅行。茂美诺（折页 t3）（Mao Meno @ www.mao-meno.com）提供瑜伽课程。

住宿

库普库普园艺生态度假村（Kebun Kupu Kupu Eco Resort）（折页 t2）

度假村地处盐湖边一个安静的位置，有别致的平房别墅、泳池、花园和餐厅。度假村采用废水及垃圾管理项目，使用太阳能电力。有6间客房。08 78 65 73 24 31 ¥¥¥ @ www.kupumenoresort.com

省钱有道

直接从渡船公司购买往返岛屿之间的快船船票通常比在旅行社或代理商处购买更便宜。

除了租船往返岛屿之间，您还可以使用公共渡轮。但是注意：时刻表并不总是可靠的。

吉利群岛

难忘的美景：火山映衬下德拉娜安岛的落日

鹦鹉螺别墅（Villa Nautilus）（折页 u2-3）

旅客住在5个舒适的石质小屋中，房间配备空调、热水和阳台。酒店设有沙滩咖啡厅。🏠 岛东南侧的主海滩旁 💴 ¥¥ 📞 03 70 64 21 43 @ www.villanautilus.com

沙洋别墅（Villa Sayang）（折页 t1）

2座令人喜爱的别墅分别有独立的居室、厨房、露天浴池，提供清洁服务。酒店坐落在岛屿内侧的一处宽敞花园中。🏠 码头以北 💴 ¥¥ 📞 08 18 36 10 52 @ villasayanggilimeno.com

德拉娜安岛

（Gili Trawangan）（折页 p-r 2-5）德拉娜安岛是吉利群岛中最大、旅游业最发达的小岛。岛上有许多不同价位的酒店和餐厅。

德拉娜安岛是一座"派对岛"，它吸引了许多喜欢丰富多彩的★夜生活的度假游客。在黄昏时分畅饮鸡尾酒的时候，大多数的咖啡厅和酒吧就已经播放起喧嚣的音乐，随后人们可以听着沙发音乐（Lounge Music，译者注：沙发音乐是使听者把身体放松、陷在沙发里欣赏的音乐）放松、跟着经典老歌尽情起舞或者跟着电子摇滚欢呼。

为了使小岛远离厄运，在伊斯兰教的色法尔月（伊斯兰历的二月）末，德拉娜安岛上总会举行曼迪萨帕尔沐浴仪式（Mandi Sapar Baderitual）：数百人带着供品来到海边，然后一同在水中沐浴。海龟破壳而出也是在这一时节。为了保护这种濒危的动物，当地在岛屿的东北侧建立了一个海龟站（🕐 每天8:00—18:00 💴 需捐款）。

浪漫主义者请注意：从 🔵 岛屿南侧的小山顶上可以看到巴厘岛和龙目岛的火山前最美的日出和日落。

> 无论是准备出行还是已到达，这些网址和信息都能够为您的旅行提供帮助。

视频／音乐

www.pedulianak.org 这是由两个荷兰人建立的印尼救助机构，这个机构为龙目岛流浪的孩子提供住所、教育机会和健康检查。

short.travel/bal2 印尼很著名的乐队纳维库拉（Navicula）在歌曲《安宁日》中唱道："当全世界都在变得越来越快的时候，巴厘岛能够让您慢下来。"

short.travel/bal3 这段8分钟的电影展示了吉利群岛迷人的水下世界。

short.travel/bal4 关于巴厘岛绿色学校的微电影，介绍了这个创意的发起人约翰·哈代（John Hardy），以及他的想法对岛上教育系统、环保意识和建筑的深刻影响。

short.travel/bal5 卡威山上场面壮观的喀恰舞表演，这个表演来自于1992年朗·费力加（Ron Fricke）的纪录电影《天地玄黄》（Baraka）。

Apps

Bali Map 免费下载的导航软件，用于查找景点、咖啡馆、酒店和其他实用地点的地址信息。

Lombok Guide 龙目岛离线地图，有关于交通、住宿、景点的免费信息。

Bali Kids 对于父母来说非常实用的软件，可以非常方便地找到适合家庭居住的酒店和适合儿童的活动。

Go-Jek 一款实用的生活软件，提供出租车服务、印尼全国的摩托车出租、外卖快递等服务的信息。

Waze 这款软件会在谷歌地图提供的路线发生拥堵时给予您帮助，提供小巷中的交通路线，标注小型餐馆，并提供最便捷的交通线路。

本出版社不对以上提到的网址的内容负责。

巴厘岛　龙目岛　吉利群岛

请司机驱车带您踏上文化探索之旅，前往 ㉒ 林萨庙→P.87和 ㉓ 诺尔默达公园→P.88。从这里出发前往手工艺村 ㉔ 邦尤姆雷克村→P.95和 ㉕ 苏卡拉拉村→P.95，您可以在这里买到便宜的陶器和织布。最后您将参观传统的萨萨克村庄 ㉖ 蓝比丹→P.79和 ㉗ 萨德→P.79，零距离体验龙目岛原住民简朴的生活。您将在此向北行驶，经胜歌尔村（Sengkol）后方的道路驶向 ㉘ 塞隆贝拉纳克→P.78。您将在这片梦幻的海滩上享用美味的晚餐，并且在圣皮亚克别墅→P.78度过两个宁静的夜晚。

建议您最好骑轻型摩托探索海岸道路旁其他隐秘的海湾。请在海滩 ㉙ 马温→P.83稍做停留，最后冲一次浪或者洗一个海水澡，再前往 ㉚ 库塔→P.82。漫步穿过渔村之后，您的旅程将在阿施塔里→P.82结束。

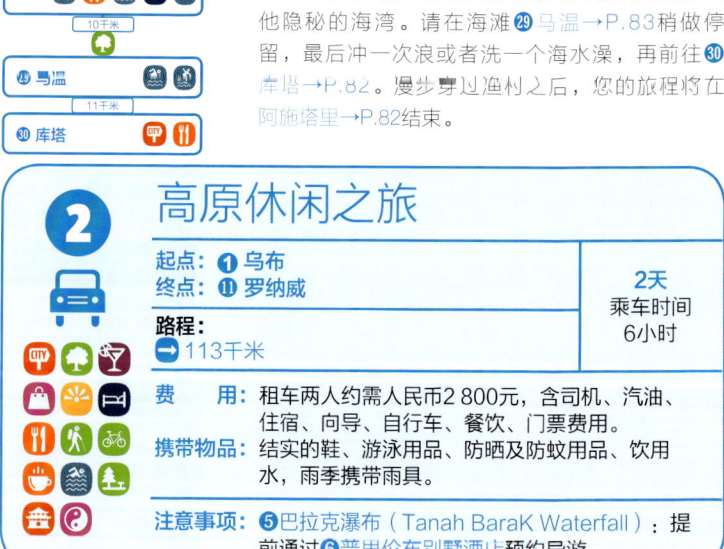

安静下来，尽情体验：您可以在巴厘岛中心的高原享受自然风光，用一次水疗犒劳自己，在温泉中放松身心，在巴厘岛的佛教寺院冥想。

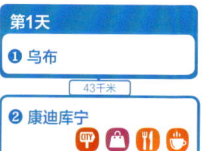

您的司机一早就在 ❶ 乌布→P.71等待您的到来。向北沿主路驶向贝都古，途经稻田和果园，来到海拔约1 500米的 ❷ 康迪库宁→P.54。这里是巴厘岛的农业中心，得益于这里凉爽的山区气候，

独特体验之旅

幸运的话,您会收到来自罗威纳的海豚的问候

水果、蔬菜和花卉都长势良好。请稍做停留,在村庄集市品尝新鲜的水果或独具风味的特色菜(因为这里种植的作物中也有辣椒、肉豆蔻和姜黄)。集市广场中心独具特色的 当地锦囊 ▶吃喝爱咖啡店(Eat Drink Love Coffee Shop)(¥¥)提供惬意的早餐时光。继续沿着街道向前走,来到 ❸ 布拉坦湖水神庙→P.54,它坐落在布拉坦湖中的一座小岛上。天气晴朗时,11层高的神殿倒映在水中,雄伟的山脉是它的背景。巴厘岛人在此祈求湖中的女神赐予他们灌溉田地的水。

继续向北行驶5千米,在耶凯提帕(Yehketipat)处左转驶向布扬湖和坦布林根湖→P.54。狭长的道路高悬于北岸之上,闪耀青绿色光辉的湖水边排列着咖啡和水果种植园。湖对岸耸立着巴图卡鲁火山→P.70,向北望去可以看到远处的大海。

在小村庄姆杜克→P.54,您可以前往美丽的普里伦布别墅酒店→P.55的 ❹ 餐厅中享用巴厘岛美食,补充能量,然后在此处过夜。您将从这里出发,在导游的陪同下徒步穿过咖啡、香草、丁香和

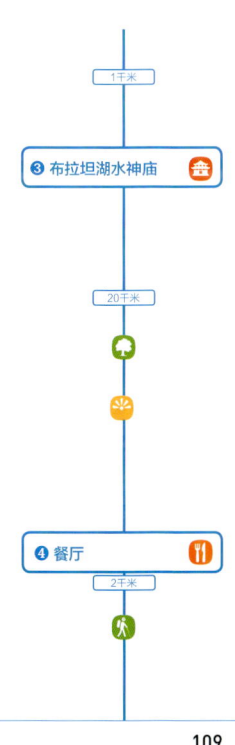

巴厘岛　龙目岛　吉利群岛

③ 苏巴克博物馆

接下来向塔巴南→P.71行驶，这里被誉为巴厘岛的粮仓。这座贸易小城附近坐落着小而有趣的❸ 当地精选 苏巴克博物馆（⏰每天8:00—17:00 ¥门票15 000卢比），其中会讲解水稻种植和复杂的灌溉系统。这种农田灌溉系统的设计基于均等的基本原则，力求人与自然的和谐统一，已被联合国教科文组织认定为世界遗产。

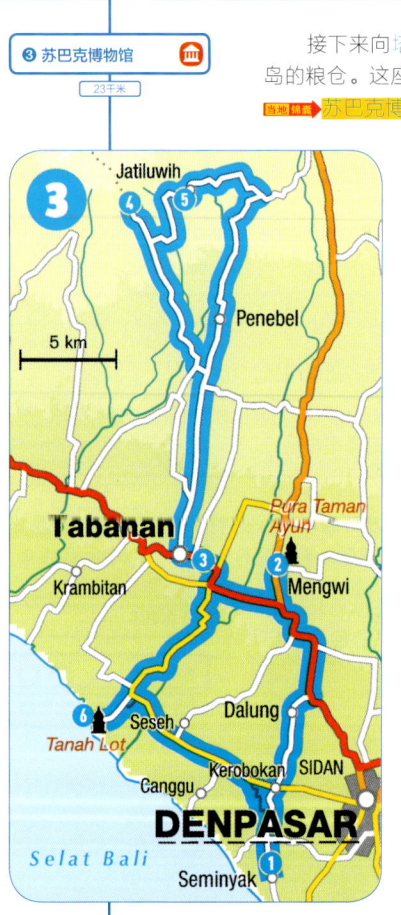

从塔巴南出发，有一条道路向北延伸至植被茂盛的巴图卡鲁火山→P.78，它是巴厘岛上第二高的火山。在海拔825米的高度上，神秘的寺庙❹ 当地精选 巴图卡鲁寺隐秘地坐落在丛林之中，这是巴厘岛上6座最神圣的寺庙之一。神殿中供奉的是山神以及布拉坦湖→P.54、布扬湖和坦布林根湖→P.54的神灵。这份寂静和使人看不清山峰的氤氲雾气，都增添了这座人迹罕至的寺庙的神圣气氛。

🕛12:00 您将在主路上调头行驶2.5千米，到达翁加雅杰德（Wongayagede）。一条蜿蜒的小路向东延伸，先经过香蕉、辣椒和咖啡种植园，来到❺贾蒂卢维（¥服务费25 000卢比）。空气凉爽、视野清晰的时候，您可以欣赏到深绿色梯田的壮丽景色，远望南边的海洋。田野贴合着山坡的天然形状铺展开来，完美地展现了这里的农田灌溉系统。您将在简易的家庭餐厅戴阿贾蒂卢维餐厅（Warung Dhea Jatiluwih）（📍 Jl. Raya Jatiluwih ¥¥¥）度过惬意的午休时光，品尝这里种植的红米。这种米由🌾贾蒂卢维有机红米农民协会（Jatiluwih Organic Red Rice Association of Farmers）生产，他们致力于种植传统的无农药作物。您也可以搭配有机蔬菜和新鲜的草

❹ 巴图卡鲁寺
❺ 贾蒂卢维
❻ 海神庙
❶ 水明漾

独特体验之旅

莓汁用餐。如果天气好,推荐您在田野间漫步。

您将经过诸多的小山村和绿油油的梯田,从昂斯里(Angsri)驶向拉雅圣加南路(Jl. Raya Senganan)。请在此处右转向南,驶入途经培内贝(Penebel)的路线,行驶25千米到达塔巴南,再继续前行18千米,来到充满传奇色彩的寺庙❻海神庙→P.71。它坐落在岸边一块优美的岩石上,里面供奉着海神巴鲁那(Baruna),有毒的海蛇守卫着圣洁的场所。尽管游客众多,这里依然是巴厘岛最美的景点之一,您可以在这里欣赏日落的景色。

18:00 当夕阳沉入海中,就请您的司机经过海神庙侧路(Bypass Tanah Lot)载您回到❶水明漾,路程耗时45分钟以内。

按照灌溉系统的要求种植水稻意味着更重的体力劳动

❹ 北龙目岛观景之旅

起点: ❶ 圣吉吉
终点: ❶ 圣吉吉

1天
乘车时间
4小时

路程:
🚗 190千米

费　用: 两人约需人民币2 000元(每人约1 000元的交通和住宿费)。
携带物品: 游泳用品、饮用水,雨季携带雨具。

注意事项: ❸西德门:最好不要品尝棕榈米酒或棕榈烧酒;❹普苏克道:仅推荐胆大的人投喂猴子,喂食前请先请示领队;❻清真寺:您需要一位翻译,所以请雇一位说英语的司机;❼林贾尼山地花园:提前预订午餐。

因为可以参观萨萨克村庄塞更塔,这次旅行完全是值得的。除此之外,您还将前往龙目岛北部更多美丽的地方。

带着孩子旅行

巴厘岛是非常适合儿童的旅游胜地。经过开发的沙滩浴场和异域的文化都带来了乐趣和新鲜感,探索沙滩、浮潜、第一次尝试冲浪或者近距离体验异国的自然风光。除此之外,小朋友们还可以参加巴厘岛舞蹈和甘美兰的课程,或者学习如何制作供品和手工艺品。对于大一些的孩子,龙目岛和吉利群岛是进行活动的理想之选,除了水上运动,还可以进行简单的徒步或自行车之旅。请在与孩子一同旅行时带上治疗腹泻、发热和感冒的药品以及消毒剂,以备不时之需。在热带地区,即使是小伤口也很容易感染,必须马上清理。由于阳光太强,要一直保证孩子涂好防晒霜、戴好遮阳帽,还要多喝水。此外,还要时常注意防蚊,以避免登革热和疟疾(尤其是在龙目岛和吉利群岛):请定期使用防蚊水并且在蚊帐中睡觉;日出和日落时一定要遮盖住胳膊和腿脚。

在巴厘岛,最适合与孩子一同度假的地方是艾湄湾、努沙杜瓦、沙努尔以及乌布。家庭旅行的热门地还有艾尔岛。详情请见 @ www.baliwithkids.com、www.littlebalilove.com 和 www.baliforfamilies.com。

巴厘岛树顶探险公园(Bali Treetop Adventure Park)(折页 J3)

这座冒险公园有7个障碍园区,在这里,您可以像猴子一样在枝头穿行。从小孩子到冒险爱好者,所有人都值得一试。所有的高空绳索都符合国际安全标准。🏠 Eka Karya Botanical Garden,康迪库宁 🕐 每天 8:30—18:00 ¥ 门票25美元,12岁及以下儿童16美元 📞 0 36 19 34 00 09 @ www.balitreetop.com

小潜水家课程(Bubblemaker Course)

这是潜水初学课程,8~10岁儿童在泳池中学习,10岁以上的孩子则可以在开放海域学习。众多主办方提供这类课程,如水晶潜水者(🏠 Jl. Danau Tambingan 168, Sanur 📞 03 61 28 67 37 @ www.crystal-divers.com)(折页K7)和Ok潜水者(Ok Divers 🏠 Jl. Silayukti, Padang Bai 📞 0 81 13 85 88 25 @ www.okdiversbali.com)(折页 M5)。

在雨林中攀爬，制作手工艺品，探索水下世界——小朋友可以在岛上获得丰富的体验。

探索雨林（折页H4）

当地精选 ▶ **巴厘岛沙瑞布娜生态旅馆**
（P.70）负责组织前往种植园和雨林的家庭交流活动，需要提前在网站预约。在那里可以了解各种异国的动植物，天然的浴池以及幽静的寺庙也值得探索。此外，小朋友可以给动物喂食，还可以装扮成巴厘岛人的样子。采摘和烹饪时当然也少不了小孩子的身影。🏠 Mount Batukaru, Tabanan ¥ 200 000卢比起，15岁以下儿童免费 @ www.baliecolodge.com

宗教舞蹈和手工艺品

大多数孩子都会被巴厘岛的乐器、舞蹈和祭典吸引，并且想要亲自参与。乌布（折页J-K5）的体验课程非常多，小朋友们可以学习甘美兰，除此之外还有蜡染和雕刻技术，以及供品的制作。推荐参加阿贡拉伊博物馆（🏠 Jl. Raya Pengosekan, Ubud ¥ 520 000卢比 ☎ 03 61 97 57 42 @ www.armabali.com）的课程，当地精选 ▶ **梅卡布阿纳音乐学校**（Mekar Bhuana Conservatory 🏠 Jl. Gandapura III/501x, Banjar Kesiman Kertalangu, 登巴萨 ¥ 约人民币270元起 ☎ 03 61 46 42 01 @ www.balimusicanddance.com）（折页J6）则提供舞蹈和音乐专题课程。

巴厘岛水上乐园（Waterbom Park）（折页H7）

这个面积3.8万平方米的乐园，全家人都可以参与进来。各个年龄段的人都能找到合适的娱乐项目，此外，还有宽敞的泳池设施、水浴中心和咖啡厅。🏠 Jl. Kartika Plaza，库塔 🕐 每天 9:00—18:00 ¥ 门票520 000卢比，12岁以下儿童370 000卢比，家庭票（2位成人，2位儿童）1 630 000卢比 @ www.waterbom-bali.com